Emma Brunner-Traut

Die altägyptische Grabkammer Seschemnofers III. aus Gîsa

EMMA BRUNNER-TRAUT

# Die altägyptische Grabkammer Seschemnofers III. aus Gîsa

eine Stiftung
des Geheimen Hofrats Dr. h. c. Ernst von Sieglin
an die Tübinger Universität

VERLAG PHILIPP VON ZABERN · GEGRÜNDET 1785 · MAINZ

*Für Werner Kaiser,*
*den verdienten*
*Museums- und Grabungsleiter*

*Farbtafel I* (Frontispiz): Südwand


Neuausgabe 1995
ISBN 3-8053-0319-X
Gesamtherstellung: Philipp von Zabern, Mainz
Printed in Germany · Imprimé en Allemagne
Printed on fade resistant and archival quality paper (pH 7 neutral)

INHALTSVERZEICHNIS

*Farbtafel II:* Ostwand, südlich des Eingangs

# VORWORT

Vorliegende Neuveröffentlichung der Tübinger Kultkammer des Seschemnofer erfolgt anläßlich des Umzuges der ägyptischen Universitätssammlung auf das Schloß Hohentübingen.

Im Text ist lediglich die Datierung korrigiert, da sie durch neuere Forschungen präzisiert werden konnte. Dem Bildteil dagegen liegen durchweg Neuaufnahmen zugrunde, die Herr Joachim Feist, Pliezhausen, der für ägyptische Objekte bewährte Berufsphotograph, besorgt hat und deren Finanzierung die Breuninger-Stiftung in Stuttgart großzügig unterstützt hat. Dem Photographen wie den Stiftern sei nachdrücklich gedankt. Die Farbphotos stellen Reproduktionen nach den Originalaquarellen dar, die vor dem Abbau der Mastaba im Maßstab 1:1 in Gîsa gefertigt wurden. Die Zeichnungen haben dankenswerterweise Frau Dr. Johanna Dittmar, Stuttgart, und Frl. Susanne Höfler, Tübingen, beigetragen.

Besondere Anerkennung gilt dem Verlag Philipp von Zabern, voran Herrn Franz Rutzen, für die wiederum sorgfältige und anspruchsvolle Herausgabe sowie die angenehme Zusammenarbeit.

Tübingen, im Frühjahr 1995 | Emma Brunner-Traut

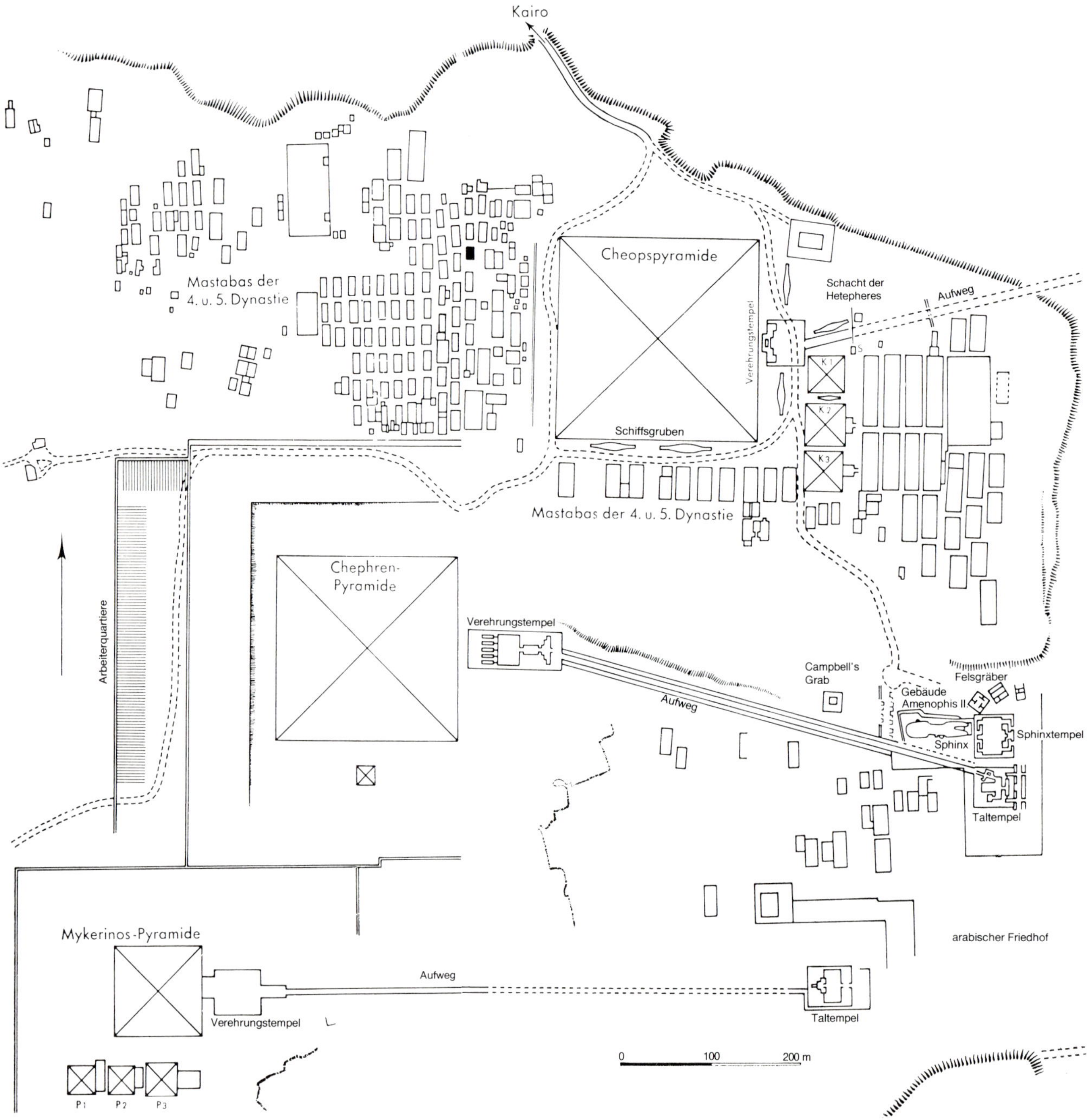


Gräberfeld von Gîsa mit der Mastaba Seschemnofers III. (schwarz ausgefüllt) im Westen der Cheopspyramide

# EINLEITUNG

Mit der Grabkammer Seschemnofers III. (Tübingen, Inv. Nr. 3) aus dem Umkreis der Großen Pyramide des Cheops in Gîsa, die in der mittleren 5. Dynastie, etwa 2350 v. Chr., gebaut wurde, besitzt die Universität Tübingen ihre größte archäologische Kostbarkeit. Die Tübinger Grabkammer ist ein Geschenk Ernst von Sieglins aus dem Jahre 1911. Da die Tübinger Universität von diesem Mäzen weitere bedeutende Stiftungen empfing, seien einleitend die Person des Stifters und seine Verdienste gewürdigt[1]).

## *Der Mäzen*

Der aus einer alten Stuttgarter Familie stammende Wilhelm Sieglin, Professor für antike Geographie, veranlaßte i. J. 1898 seinen jüngeren Bruder Ernst, den Stuttgarter Fabrikanten von Thompsons Waschpulver, eine Forschungsexpedition nach Alexandrien unter der Leitung des Archäologen Prof. Theodor Schreiber zu entsenden, um dort nach dem Grab Alexanders d. Gr. zu suchen. Daß die Unternehmer das königliche Grabmal nicht fanden, macht ihnen keine Unehre – ist es doch bis heute niemandem gelungen, die Stätte in dem kontinuierlich überbauten Gelände der einstigen Weltmetropole zu entdecken. Die Expedition kehrte indes mit anderer reicher Beute zurück, reich an wissenschaftlichen Erkenntnissen. Die Forscher haben damals die seitdem berühmt gewordenen Katakomben von Kôm esch-Schukâfa entdeckt, eine mehrstöckige unterirdische Nekropole im westlichen Alexandria aus der römischen Epoche; haben in der Folgezeit die Mastaba des Ti in Sakkâra, die heute zu jedem Touristenprogramm gehört, wissenschaftlich vollständig aufgenommen; haben in Qau el-kebir, Mittelägypten, die architektonisch bedeutenden Anlagen von Fürstengräbern untersucht, ebenso in dem nubischen Anîba, das nun in den Wassern des Nasser-Sees ertrunken liegt, eine ungewöhnlich reiche Nekropole der beiden letzten vorchristlichen Jahrtausende, sowie die südlichen Grenzfestungen Ägyptens aus dem Mittleren Reich (um 2000 v. Chr.) zu ihrem Forschungsgegenstand gemacht. Sämtliche Grabungs- und Untersuchungsergebnisse wurden mustergültig publiziert.

Zu den Hauptorten der Expedition zählt auch die Totenstadt von Gîsa bei Kairo. Dort gruben auf Kosten Sieglins, der selbst wiederholt in Ägypten war, Wissenschaftler den Totentempel der zweitgrößten Pyramide, der des Chephren, aus — auch er wird heute von jedem Altertumsfreund durchstapft — und dort auch legten sie die Mastaba Seschemnofers III. frei. Ernst von Sieglin hat deren Opferkammer käuflich erworben, sie abbauen lassen und 1911 seiner Landesuniversität zum Geschenk gemacht. *Tafel 33*

Nicht allein diesen kostbaren archäologischen Schatz verdankt die Ägyptische Sammlung der Universität dem großzügigen Mäzen, auch einen ungewöhnlichen Holzsarg aus Assiût mit einem Kalenderdeckel, wie es seinesgleichen nur noch wenige in der Welt gibt; ebenso sind eine Anzahl schöner Steingefäße, prädynastische Keramik u. a. Einzelstücke Stiftungen seiner Hand. Außerdem übergab Sieglin der Tübinger Universität einen Großteil der Funde von Alexandrien, die jetzt einen wesentlichen Bestandteil der Archäologischen Sammlung ausmachen, und beschenkte die Universitätsbibliothek mit mehr als 100 armenischen Handschriften aus dem 8.-10. Jh. Das Landesmuseum Stuttgart ist dem Förderer verpflichtet für seine gute Antikensammlung. Nächst seiner Heimat Württemberg bedachte Ernst von Sieglin die Sammlungen in Leipzig und in Dresden.
Die hohen Verdienste des Mannes, der sich der Universität stets verbunden fühlte, beantwortete die Philosophische Fakultät 1906 mit der Verleihung des Doktortitels h. c. und kurz vor seinem Tode 1927 mit der Würde des Ehrensenators. Der König verlieh ihm als Zeichen der Anerkennung für seine Förderung des württembergischen Kulturlebens 1907 den Titel des Geheimen Hofrates und erhob ihn in den persönlichen Adelsstand.
Die Verdienste Ernst von Sieglins als Förderer der Sammlung sind insofern unwiederholbar, als seit dem Antikengesetz, das Ägypten nach dem Ersten Weltkrieg erließ, ägyptische Denkmäler von einigem Wert das ägyptische Land nicht mehr verlassen dürfen. Weder hätten unsere Ägyptologie-Studenten Gelegenheit, mit Originalen, besonders mit Originalinschriften, umzugehen, noch auch hätte die Tübinger Bevölkerung die Aussicht, in ihrer – sonst an Museen und Sammlungen nicht reichen – Heimatstadt ägyptische Denkmäler von solchem Rang zu besichtigen. Nachdem Berlins Grabmäler im Zweiten Weltkrieg stark gelitten haben, gibt es auf deutschem Boden außer im Pelizaeus-Museum in Hildesheim keine vergleichbare, vollständige Grabkammer mehr; der genannte Sarg ist gar auf europäischem Boden singulär.

## *Geschichte der Veröffentlichung*

Nach der Freilegung der Mastaba durch die Sieglin-Expedition ist die Grabstätte nach dem Gesetz der Wüste wieder versandet. So mußte 1913/14 und 1926 Hermann Junker die Mastaba, die im Nordosten seiner Grabungskonzession lag, erneut freilegen. 1938 hat er sie veröffentlicht[2]), aber die Grabkammer nur an Hand von originalgroßen Aquarellen, die Sieglin hatte anfertigen lassen, bearbeitet, hatte also weder das Original selbst noch auch Photographien zu Gesicht. Daher sind ihm Einzelheiten entgangen, Fehler des Kopisten wurden ihm zu kleinen Fallen, zur künstlerischen Bewertung gar fehlte ihm jede Unterlage, eine Opferliste ist im Bildteil ausgelassen. Die Abbildungen seiner Publikation beschränken sich auf die genannten Aquarelle, nach denen auch eine Strichzeichnung der Ostwand angefertigt wurde.
Daher ist es geboten, das wichtige Denkmal noch einmal vorzulegen, Junkers Publikation ergänzend und korrigierend, und die Veröffentlichung auszustatten mit Strichzeichnungen,

die über dem Original bzw. mithilfe von Photos entstanden sind, und mit photographischen Abbildungen, denen Stil und Bildqualität entnommen werden kann. Da die Farben der Bilder zwar noch immer erstaunlich gut erhalten sind[3]), aber gegenüber ihrer Frische z. Zt. der Freilegung gelitten haben, sind außerdem auch die farbigen Aufnahmen nach den alten Aquarellen beigefügt und, wie ich meine, durch eine bessere Technik prägnanter reproduziert. Durch diese Farbbilder erübrigt sich die kaum mögliche Einzelbeschreibung der Farbgebung.

Neben der Wiederveröffentlichung der Opferkammer ist die Behandlung der übrigen Grabanlage Seschemnofers vernachlässigt. Ihre Lage auf dem Friedhof, der Gesamtbau, die Beigaben in den Grabkammern, die Familiengeschichte des Grabinhabers und seine soziale Stellung, sein Haushalt und sein Totendienst und schließlich die thematische Abhängigkeit der Ikonographie von der väterlichen Opferkammer sind ausführlich bei Junker behandelt und nicht entscheidend korrekturbedürftig. Wenn doch, ist die eigene abweichende Beobachtung bzw. Meinung diskussionslos danebengestellt. Im übrigen wird hier nur kurz referiert.

## *Allgemeines zum Grabbau*

Der Vorstellung der Tübinger Grabkammer als Teil einer Mastaba gehe eine allgemeine Betrachtung der Mastabas voraus. Mastabas sind die Gräber der vornehmen Leute des Alten Reiches, die in geschlossener Ordnung um die großen Pyramiden von Gîsa, von Sakkâra und andere königliche Grabbauten gereiht liegen, so wie der Hofstaat das gekrönte Haupt im Leben umgeben hatte. Baugeschichtlich gehen sie auf den Tumulus zurück, der die Grabstätte kastenförmig überdeckte. Der für die Bestattung ausgebuddelte und über dem Grab aufgehäufte, schräg zum Boden verlaufende Sandhügel ist das Vorbild der »Mastaba«, mit welcher Vokabel das Arabische eine »Bank« bezeichnet. Das Bankgrab, im Grundgedanken demnach ein in Architektur übersetzter Grabhügel, ist aus beständigerem Material, zumeist aus Stein, gebaut, hat, dem Hügel entsprechend, geböschte Wände und setzt sich im Prinzip aus den beiden Teilen: Sargkammer mit Schacht und Oberbau mit Opferraum und Serdâb, zusammen.

Die Sargkammer befindet sich unterirdisch, auf dem Grunde eines fast immer senkrechten, tiefen Schachtes, und enthält einen Steinsarkophag, der dem Grabherrn durch die Gunst seines Herrschers zugewiesen wurde, außerdem die für das jenseitige Leben des Verstorbenen unentbehrlichen Beigaben. Nach der Beisetzung wurde die Sargkammer zugemauert und der Schacht mit Steinen und Sand aufgefüllt und hatte damit für alle Zeiten seine Funktion beendet.

Der oberirdische Teil der Mastaba, das »bank«-förmige, rechteckige Gebäude mit geböschten Wänden, hat ein System von Kammern im Innern. Ein kleiner Opferraum (von manchen, besonders Franzosen und Engländern »Kapelle«, von anderen »Kultkammer« genannt) für den Totendienst an seiner Ostseite war für die Lebenden zugänglich; hier spendeten sie die Totenopfer, Weihrauch, Speise und Trank. Eine Scheintür bei der Opferstelle ermöglichte dem Toten den Eintritt aus seinem Totenreich in die Opferkammer. Ein weiterer wichtiger

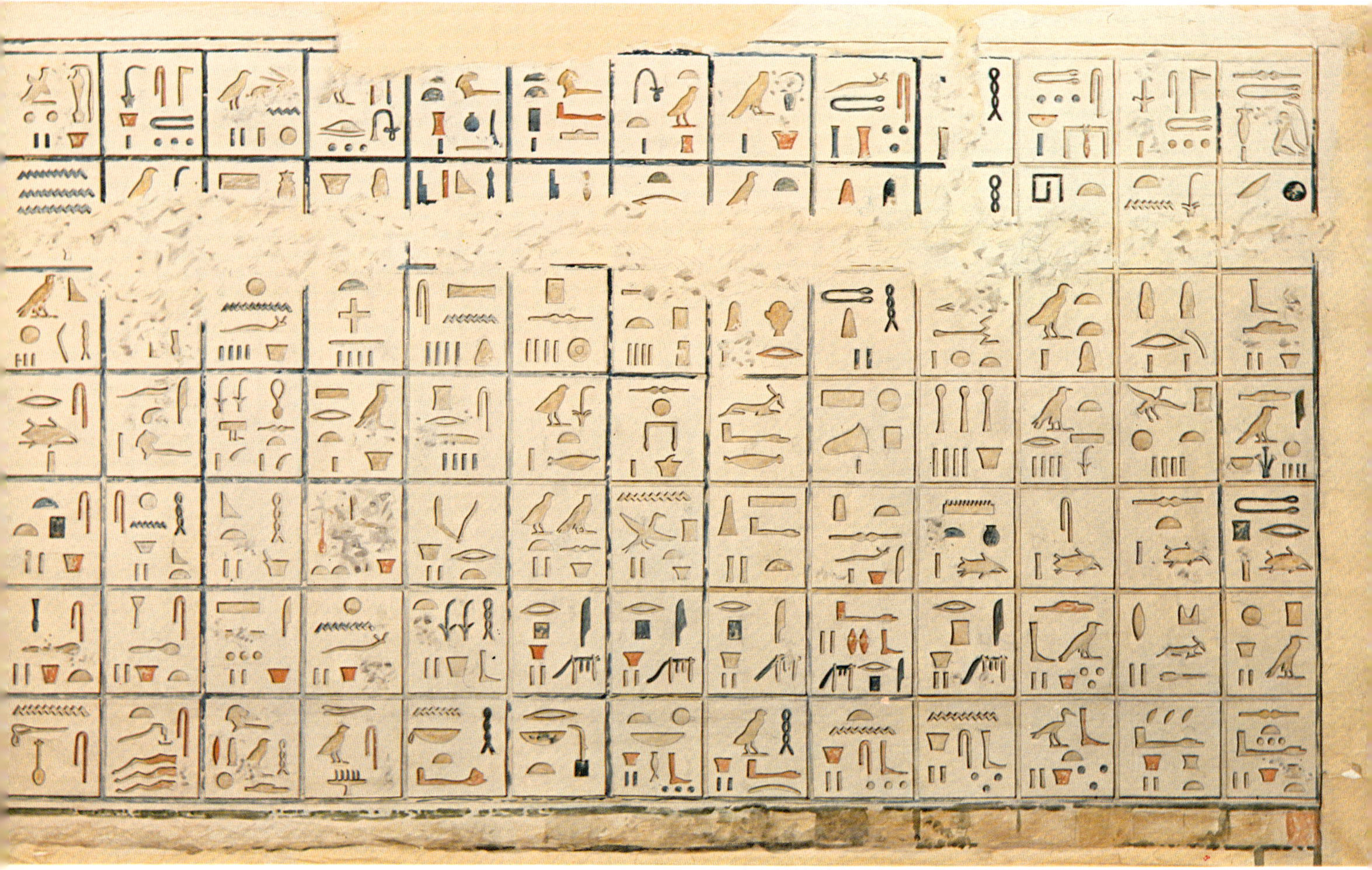

*Farbtafel III:* Opferliste über dem Eingang der Ostwand

Raum war die Statuenkammer, »Serdâb« genannt. Hier standen eine oder mehrere Statuen des Verstorbenen als dessen steinerne Repräsentanten eingemauert. Durch die in Nasenhöhe angebrachten Schlitze in der Wand konnten sie den Duft des abgebrannten Weihrauchs einatmen.

Der kleine rechteckige Opferraum war auf allen vier Wänden mit Reliefs oder Malereien ausgeschmückt. Alles was zum Leben des Menschen gehört, sollte durch die magische Kraft des Bildes auf die jenseitige Existenz übertragen werden. Da stehen an hervorragender Stelle, d. i. auf der Westwand, die die Verbindung zum Totenreich bezeichnet, auf und bei der Scheintür die Mahlszenen, hier wird für den Toten geschlachtet, werden ihm die Opfer zelebriert, wird er in seinen Grundbedürfnissen befriedigt. Auf den anderen Wänden wird das Leben auf dem Lande vorgeführt, werden handwerkliche Tätigkeiten, das häusliche Leben, Musik, Tanz und Gesang, seltener auch persönliche Einzelereignisse dargestellt, häufiger rituelle Totenfahrten und die Beisetzung des Verstorbenen wiedergegeben. Von einer solchen Kultkammer stammen die bemalten Reliefs Seschemnofers III., die die Tübinger Universität ihr eigen nennen darf. Ihr Bildprogramm konzentriert sich auf das Essentielle ihrer Einrichtung, die Totenversorgung.

## *Versorgung des Toten*

Nachdem die Versorgung des Toten mit Speise und Trank eine solch eminente Bedeutung hatte, dürfte es angebracht sein, ihr besondere Aufmerksamkeit zuzuwenden. Speisetischszene, Opferliste, Prozessionen von Gabenbringern, Totenopferformel sind elementare Bestandteile einer jeden Grab»ausschmückung«. Der Verstorbene hat zwar seine irdische Existenz verloren, aber er lebt, sofern er vor den Göttern besteht – nach späteren Texten hatte er sich im Jenseits einem Gericht zu stellen und durfte entweder als Verklärter ins Elysium eingehen oder wurde einem Höllentier zum Fraß gegeben und erlitt somit den endgültigen, den zweiten Tod – lebt im Jenseits fort. Dazu bedurfte er außer der Rituale der materiellen Fürsorge durch die auf Erden Verbliebenen.

Die Sorgepflicht für den Verstorbenen fiel natürlicherweise den Erben zu, vor allem dem ältesten Sohn. Das funktionierte zwar anfänglich, aber mit zunehmender Zahl verstorbener Generationen waren die Hinterbliebenen überfordert. So kam es zur Einrichtung der Stiftung von Grundstücken für den Totendienst, zu »Stiftungsgütern»[4]). Die Erträge eines solchen Stiftungsgutes wurden für die Ernährung des Toten bestimmt und, im Wege des »Umlaufs«, auch für die des dazu bestimmten Totendieners (*ḥm kꜣ*), der zugleich verpflichtet war, für die Instandhaltung des Grabes zu sorgen. Da nun der König der alleinige Eigentümer des ägyptischen Landes war, konnte er seinen Günstlingen, ebenso wie das Recht, eine Mastaba zu Füßen seiner Pyramide zu bauen, auch die Gunst einräumen, an dem Totenopfer, das ursprünglich ein Vorrecht für den verstorbenen König war, teilzuhaben. Daher leitet sich die ständig wiederholte Formel in den Grabinschriften ab: »Eine Gunst, die der König gewährt . . .«.

Freilich funktionierte diese Einrichtung nur solange, wie der König über eine umfassende Macht verfügte und die Zahl seiner privilegierten Gefolgsleute übersehbar war. Mit der Dezentralisierung von Macht und Verwaltung und sozialer Umschichtung veränderte sich auch die Art der Totenversorgung. Aber schon, ehe es zur bitteren Notwendigkeit geworden war, strebten die wohlhabenden Ägypter danach, zu ihren Lebzeiten ihre Versorgung nach dem Tode aus ihren eigenen Mitteln zu sichern. Sie machten ein Grundstück zum »Stiftungsgut« und setzten einen »Ka-Diener«[5]) ein, der aus den Erträgen des Gutes den Totendienst zu versehen hatte. Oft lebte eine ganze Schar von Totendienern von einem solchen Landstück. So werden in der Tübinger Mastaba 9 Totendiener verschiedenen Ranges aufgeführt. In der großen Mastaba des Mereruka in Sakkâra – auch sie ist jedem Ägyptenreisenden bekannt – werden nicht weniger als 47 Totendiener genannt. Dieses System hat dann im Laufe der Zeit recht detaillierte Reformen notwendig gemacht, die schließlich zu Verträgen zwischen Landeigentümer und künftigem Totendiener führten.

Damit ist aus der ursprünglichen Pietäthandlung der Angehörigen der bona fides, eine Rechtspflicht geworden zur Erfüllung eines dauernden Zweckes. An die Stelle des ältesten Sohnes oder anderer Familienmitglieder wurde im Laufe der Zeit ein Verein im juristischen Sinne mit einem Vorstand an der Spitze. Daß die Stiftungen keinen »ewigen« Bestand hatten, wie es dem Wunsche der Ägypter entsprach, hat wohl seinen Grund darin, daß die Stiftungsvermögen nicht in Verwaltung, sondern als wirklicher erblicher Besitz übergeben waren. Zur Sicherung der Kontinuität gliederte man schließlich seinen privaten Totendienst dem Tempeldienst ein, in der Erkenntnis der Notwendigkeit einer obrigkeitlichen Aufsicht. Wieweit die 36 durch Personen repräsentierten Güter, die im Grabe Seschemnofers dargestellt sind, als Stiftungsgüter, wieweit als Landgüter zu gelten haben, läßt sich nicht ausmachen. Auf alle Fälle dürften 36 Stiftungsgüter mehr einem Wunschdenken als einer Realität entsprechen.

# GRABBAU UND GRABHERR

Die Mastaba Seschemnofers III. ist in einer Gräberstraße auf dem Westfriedhof der Cheopspyramide gelegen[6]). Sie stammt aus der mittleren 5. Dyn. (um 2350 v. Chr.)[7]) und ist eine der bedeutendsten der ganzen Nekropole. Der Grabinhaber ist der Sohn Seschemnofers II. und dessen Ehefrau Henutsen. Seine eigene Ehefrau heißt Hetep-heres, zwei seiner Brüder sind Rawer II. und Satchu[8]). Die Familiengeschichte war nicht ohne Einfluß auf den Bau der Mastaba. Die ganze Gräbergruppe der Familie hat ihren eigenen Stil, d. h., sie setzt sich ab gegen die anderen gleichzeitigen und ist in sich verwandt, wenn auch ihre Merkmale im einzelnen nicht neu sind. Bezeichnend für die Bauweise ist: der Tumulus mit innerer Kultkammer im Süden, davorliegend ein Hof mit eigenem Tor und ein im Süden gelegener eigener Serdâbbau[9]).

Zum Oberbau seines Grabes benützte Seschemnofer einen vorhandenen Kernbau. Der mit *Beilage 5*
Nummulit-Quadern verkleidete Tumulus mißt nicht weniger als 23,30 m Länge und 11 m

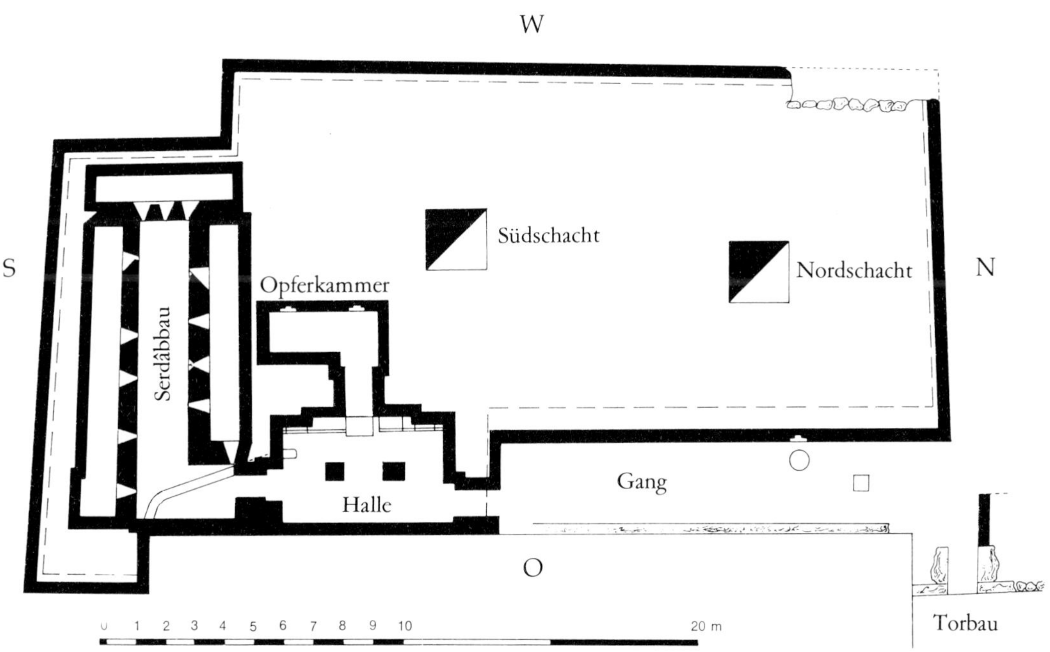


Grundriß der Mastaba Seschemnofers III.

Breite. Der Eingang zum Grab liegt im Osten, dort wo die Seitenstraße von der Pyramidenmauer herauf zwischen den Mastabas der Verwandten Rawer I. und Peh-en-Ptah einmündet[10]). Von dem großen Torbau, dessen Gewände noch steht, wurden der Architrav und die Trommel gefunden. Diese vollkommen unansehnliche Trommel ist heute im Besitz der Tübinger Sammlung (Inv. Nr. 5).

Das Charakteristische der an des Vaters Grab angelehnten Mastaba ist die im Süden gelegene Pfeilerhalle aus Stein, von der aus eine Tür im Westen zur Opferkammer führt, eine andere im Süden zum Serdâb. Die zu den 12 Serdâbplätzen gehörenden Statuen sind verlorengegangen, dagegen die Reliefs des Opferraumes glücklicherweise erhalten geblieben, wenn sie auch durch ihr unruhiges Schicksal, zumeist an den Fugen, bereits im Altertum gelitten haben.

In ihrem unterirdischen Bau zeichnet sich die der Machtstellung des Grabherrn angemessene imposante Anlage aus durch eine, wie der Ausgräber gewiß richtig rekonstruiert hat[11]), in Stein ausgeführte (Gewölbe-) Kappe über dem nördlichen der beiden Schächte. Die beiden Kalksteinsarkophage in den Sargkammern, in welche Nord- und Südschacht einmünden, sind typische Vertreter ihrer Zeit, plump und schwer, wohl nicht nur aus Stilgründen, sondern gewiß auch, um Grabräubern die Lust zu verleiden. Das Begräbnis Seschemnofers in der Südkammer war vollkommen zerstört, außer einigen Alabastervasen fanden sich nur noch die vier Kanopen (Eingeweidekrüge) aus bestem Kalkstein. In der Nordkammer, die wohl das Begräbnis der Mutter Henutsen enthielt, waren noch einzelne Stücke der Totenausrüstung verblieben, darunter 58 Alabastergefäße, ein Waschgeschirr, eine Kopfstütze, beides aus Kalkstein, und das Goldblatt eines Halskragens (einige Stücke heute im Pelizaeus-Museum in Hildesheim).

Seschemnofer war hoher Beamter, Wesir und Oberrichter, Fürst, Kammerherr, Vorlesepriester und Vorsteher aller Arbeiten des Königs. Er führt die Titel des »einzigartigen Freundes« und eines »leiblichen Sohnes des Königs«, aber nur auf der Südwand der Opferkammer, so daß sich die Vermutung aufdrängt, daß diese Wand als die letzte bearbeitet worden ist, nämlich dann, als er bereits mit diesen Auszeichnungen beliehen war, während die anderen Wände geschmückt wurden, ehe er diese Titel trug.

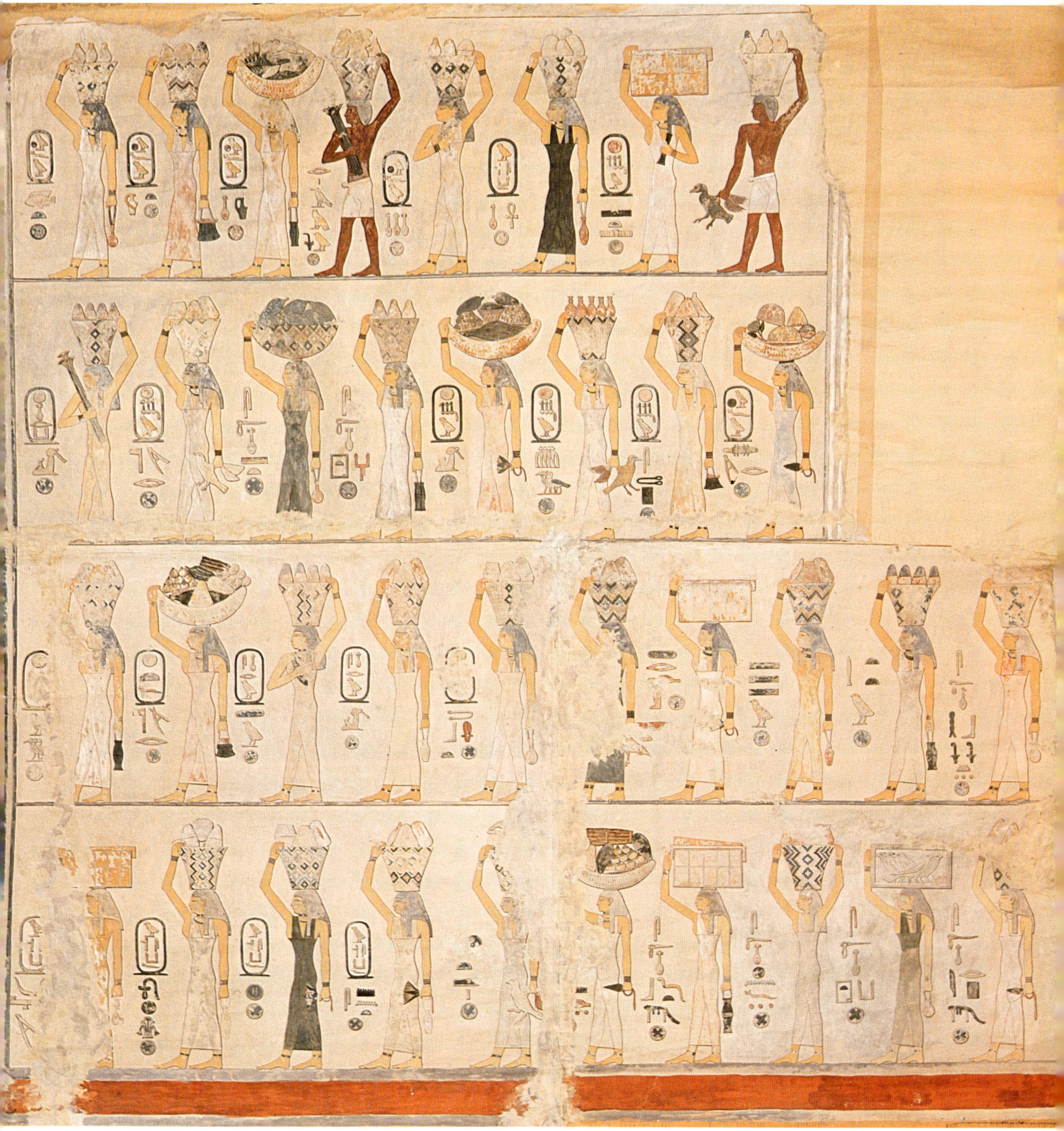

*Farbtafel IV:* Nordwand

## DIE OPFERKAMMER

### *Übersicht*

Die Opferkammer (3,65 m × 1,45 m; 2,57 m hoch) ist mit schweren Nummulitblöcken verkleidet, nicht aus feinem Tura-Kalkstein, aber doch aus besonders gutem, festem Nummulitkalk, ihre Reliefbilder sind bemalt. Die Quader sind außerordentlich groß, eine ganze Wand zählt nur 2–3 Blöcke. Der größte, der die Südscheintür trägt, mißt 90 cm Höhe, 84 cm Breite und 40 cm Tiefe. Auf der Südwand greift ein Block weit um die Ecke, wie man überhaupt vermieden hat, die Steine in den Winkeln aneinanderstoßen zu lassen. Vielmehr arbeitet man den Raumwinkel aus einem einzigen Block heraus. Winkelstücke greifen von der Südwand zur Westwand und zur Ostwand, wie umgekehrt (oben) von der Westwand zur Südwand. Durch diese Technik hatten die Wände einen festen Verband.

Der Eingang zur Opferkammer im Osten ist außen unbebildert. Ost- und Westwand bilden die Längswände der Kammer. Die Westwand trägt die Scheintüren, vor ihr vollzogen sich die Opferriten. Der Sockel der Wände mißt heute noch 30 cm, ein Rest von ca. 50 cm ist im Grabe stehengeblieben. Auf dem Sockel die Farbstreifen von unten nach oben: gelb, grau (ehemals schwarz), rot, grau (ehemals schwarz).

Die Besichtigung der Bilder beginnt auf der Eingangswand im Osten und je von oben nach unten und bewegt sich im Gegensinne des Uhrzeigers. In dieser Ordnungsfolge scheinen auch die Reliefs entstanden zu sein, wie sich aus Korrekturen und Titeln ergibt. Man betritt den Raum deshalb im Osten, weil die Welt der Lebenden im Lande der aufgehenden Sonne liegt, während die Scheintür im Westen die Verbindung zum Totenreich, d. h. sowohl zu Grab- wie Unterwelt oder Himmel, herstellt.

Ost- und Nordwand sind auf die Westwand hin ausgerichtet und inhaltlich bezogen; die Südwand, durch ein proportional sich zur Gesamtwand verhaltendes Bildfeld mit dem Grabherrn beherrscht, ist in sich geschlossen, ihre Figuren orientieren sich an der Hauptperson (Seschemnofer) dieser Wand. Da dieser Seschemnofer der Hauptperson der Westwand, der Sinnmitte der ganzen Kultkammer, nicht etwa den Rücken kehrt, sondern in gleicher Richtung blickt wie er, besteht auch zwischen diesen beiden Wänden die gleiche innere Beziehung wie zwischen Ostwand und Westwand. Der Herr wurde sozusagen in drei Figuren auseinandergelegt, im Osten erfährt er die Vorbereitungen und Voraussetzungen zu seinem Totendienst, im Westen empfängt er ihn, auf der Südwand ist das religiös-kultische Totenmahl ins Weltlich-festliche gewandelt. Kompositorisch darf die Ostwand als Introduktion, die Südwand als eine Art Coda gesehen werden. Von Osten her das Bildprogramm abschreitend, geht der Beschauer dem Grabherrn dreimal entgegen. Die Wände sind durch

Standlinien in waagerechte Bildreihen unterteilt, der Grabherr hebt sich, seiner Bedeutung entsprechend, vielmals größer heraus, stehend, sitzend und vor einem Mattenschutz.

OSTWAND: Vorführen der Gaben. Links der Grabherr, fast die gesamte Wandhöhe einnehmend und die vier Bildstreifen vor sich verklammernd, auf Stab gelehnt, besieht das Herbeiführen exemplarischer Produkte von Viehzucht und Stallwild. In der obersten Reihe Schreiber (Gutsverwalter) mit Listen, Papyrusfutteralen. 2. Reihe: Herbeiführen von Wild, 3. Reihe: von Rindern, 4. Reihe: Gänseopfer und Herbeibringen von Geflügel. Über der Tür Opferliste[12]). *Beilage 1*

NORDWAND: Vier Reihen von personhaften Vertretern der Stiftungsgüter fast ausschließlich mit Erzeugnissen der Landwirtschaft. Ost- und Nordwand ergänzen einander bzw. legen auseinander, was in älteren Gräbern auf ein und derselben Wand dargestellt war. *Beilage 2*

WESTWAND: Totenmahl. Zwischen den beiden Scheintüren der Grabherr mit seiner Gemahlin am Speisetisch, darüber große Opferliste, darunter Schlachten von zwei Opferrindern. Links der südlichen Scheintür die Mutter Seschemnofers, rechts der nördlichen sein Bruder und andere Verwandte. *Beilage 3*

SÜDWAND: Prunkmahl. Links Seschemnofer, die Höhe von vier Bildstreifen einnehmend, im Lehnsessel, eine Lotosblume von seinem Sohn empfangend, der außerhalb seines Bildgevierts auf eigener Standlinie steht. Hinter dem Sohn Waschgeschirr und Priester. Unter diesem kleinen Register drei Söhne Seschemnofers zu seinen Füßen hockend. Im Streifen über dem Waschgeschirr drei Diener mit Speisetisch bzw. Speisen, darüber drei Reihen mit angerichteten Speisen und Getränken. Über dem Grabherrn dessen Name und jüngste Titulatur, unter der ganzen ausgebreiteten Mahlszene Tanz, Gesang und Harfenspiel. *Beilage 4*

Darstellungen und Inschriften sind in Flachrelief gearbeitet, bis auf die Speiselisten auf der Westwand und über dem Eingang; diese sind eingeschnitten. Thematisch ist die Bebilderung von der des väterlichen Grabmals (heute in Boston, USA) übernommen, wenn auch auf die persönlichen Verhältnisse Seschemnofers III. übertragen. So stehen statt der gabentragenden Vertreter von 9 Gütern des Vaters 36 beim Sohne. Im übrigen erhellt ein Vergleich der beiden Opferkammern mehr die Frage der Kopierung als die der stilistischen Entwicklung. Durch die Anlehnung an das väterliche Grab war der Künstler Seschemnofers III. gehemmt und blieb eher hinter seiner Zeit zurück, wie das einige zugunsten »moderner« Auffassung vorgenommene Korrekturen zeigen (s. u.).

## *Ostwand*

Die Ostwand, durch die man die Opferkammer betritt, ist die abwechslungsreichste und lebensvollste. Auf ihr besichtigt (der lebende) Seschemnofer die Segnungen seiner Felder, die ihm zugeführt werden[13]). Der Grabherr als die Bedeutungsmitte nimmt mit der über sei- *Farbtafel II und Beilage 1*

Tafeln 1 u. 2 nem Kopf angebrachten Inschrift die Höhe der vier Bildstreifen vor ihm ein. Er steht auf einen langen Stab gestützt, an dem sich klein zu seinen Füßen *sꜣf śmśw Śšm-[nfr]*, »sein ältester Sohn Seschemnofer«, festhält. Er trägt die schulterlange Perücke, Kinnbart, Halskragen, gut knielangen Schurz mit breitem Vorderblatt und Sandalen – samt Stab die Tracht des vornehmen Herrn. Seine Rückenlinie wurde vom Schnittpunkt mit dem Arm bis zur unteren Schurzkante korrigiert, die Gestalt damit ein wenig verbreitert. Die Bemalung hatte diese zugunsten einer gewichtigeren Figur vorgenommene Änderung ehemals verdeckt.

In der Inschrift vor dem Herrn ist der Auftakt zum gesamten Bildprogramm des Opferraumes mit der infinitivischen Formulierung gegeben: *mꜣꜣ sš n nḏt-ḥr jnnt r prt-ḫrw m njwwt nwt pr-ḏt*, »Das Anschauen des Verzeichnisses der Gaben, die aus den Dörfern des Stiftungsgutes zum Totenopfer gebracht werden.« Über dem Kopf des Herrn in fünf kurzen Zeilen die ausführliche Titulatur: *mr sš-ᶜ nśwt mrr nbf mr prwj ᶜḥꜣ sꜣb ᶜḏ-mr nśt ḫntjt jmꜣḫw ḫr nbf jmj jb n nbf Śšm-nfr*, »Vorsteher der Urkundenschreiber des Königs, den sein Herr schätzt, Vorsteher der beiden Waffenhäuser, Richter und Gauverwalter, *nśt ḫntjt* (Ehrenbezeichnung für ihn als Beamter der Zentralverwaltung), der von seinem Herrn (= König) Wohl (mit einem Grab)-versorgte, der im Herzen seines Herrn ist, Seschemnofer«.

Tafel 3 Auf dem obersten der vier Bildstreifen rechts, die wie die folgende Nordwand auf die Westwand hin ausgerichtet sind, stehen die Schreiber, die den Eingang der Gaben aktenkundig machen. Angeführt vom *mr pr mr ḥmw-kꜣ Inpw-wśr*, dem »Hausverwalter und Vorsteher der Totendiener Inpu-Weser, der ehrerbietig seinen rechten Arm vor die Brust und die Hand auf

Tafel 4 die linke Schulter legt, folgen zunächst zwei Schreiber, die auf ihrer Palette Zählstriche machen. Der erste von ihnen, *sš sḥḏ ḥmw-kꜣ Nṯr-nfr*, »der Schreiber und Aufseher der Totendiener Netjer-nefer«, hat am Bund eine große Palette hängen, der zweite eine Schriftrolle unter den Arm geklemmt und am Arm ein Messer zum Papyrusschneiden (?) baumeln. Beide ste-

Tafel 5 hen dienstbeflissen leicht geneigt. Die zwei nächsten reichen sich über einen Papyruskasten hinweg ein Aktenstück. Beide haben eine einfache Schreibplatte unterm Arm, der vordere davon hält außerdem in seiner herabhängenden Hand eine kleine Rolle. Zwischen ihnen steht ein Kasten mit Schreibutensilien und Papyrusschriften. Ganz rechts holt ein Mann eine dünne Rolle aus einem langen Futteral. Die kleine Szene macht die ganze Schreibseligkeit der Ägypter wie auch die Wichtigtuerei der Binsenkauer offenbar.

In der zweiten Reihe führen die Leute Mastwild heran. *jw nn n mꜣꜣ mrjj*, »das ist zum Anschauen, mein Lieber«, heißt es vor dem Anführer links. Dieser mit Treibstock versehene *mr mḏ*, »Stallmeister«, (ohne Eigennamen), in der gleichen Ehrfurchtsgeste wie der Hausverwalter darüber, aber zusätzlich geneigt, hat eine *rn mꜣ ḥḏ*, eine »Stall-Säbelantilope«, an der Muffel festgepflockt, sein Schurz ist nach hinten gedreht. Der nachfolgende *rn njꜣ*, »Stall-Steinbock«, gebärdet sich widerspenstig und muß von zwei Hirten getrieben werden; einer zerrt ihn an Gehörn und Schnauze, der andere schiebt ihn von hinten und gebraucht dabei seinen Stock. Der letzte Mann dieser Zeile trägt über der Schulter eine *gḥś*, eine junge Gazelle, heran, packt mit der Linken die Hinterläufe und einen Vorderlauf des Gazellenkälbchens, mit der Rechten, die er um den Hals des Wildes legt, faßt er das vierte Bein. Die Tiere dieser Reihe sind als Wild eingefangen und dann im Stall gehalten und herausgemästet worden.

Tafel 6 Im dritten Bildstreifen werden Mastochsen herangeführt. *jnjt jwꜣw m nḏt-ḥr r prt-ḫrw*, »Herbeiführen von Rindern als Gabe für das Totenopfer«, ist die titularische Bezeichnung der

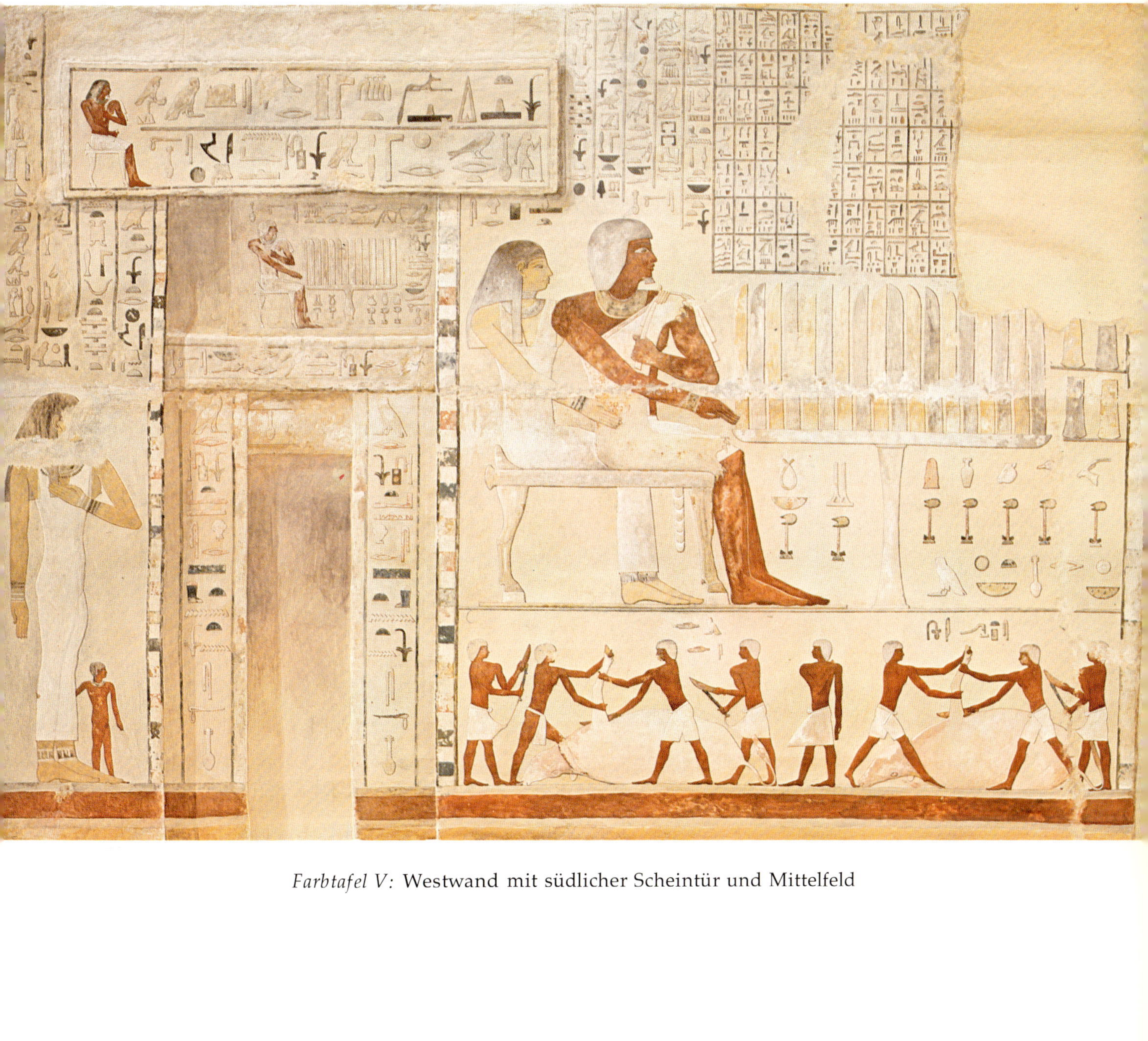

*Farbtafel V:* Westwand mit südlicher Scheintür und Mittelfeld

Tafel 7a Szene in der Querzeile darüber. Der vordere Viehhüter führt einen Ochsen mit Lyragehörn am Seil. Dieser Ochse war erst kürzer gezeichnet und wurde dann durch Hinausverlegen der Kontur an Kopf und Brust verlängert, so daß heute, nachdem die Kaschierschicht eines Stuckbelages abgefallen ist, der Eindruck entsteht, als ob ein Paar von Ochsen dargestellt sei[14]). Eine gleichermaßen motivierte Korrektur ist bei dem Gänseopfer der nächsten Bildreihe zu beobachten. – Der folgende Ochse mit dem weit ausladenden langen Gehörn wird von hinten her durch einen Treiber mit Stock vorangeschoben. Das Tier hält in Anlehnung an die Vorlage im väterlichen Grab den Kopf zu Boden gesenkt, obwohl es hier nicht wie bei dem Vorbild kurz angepflockt ist. Der Schurz des Treibers ist nicht wie sonst übergeschlagen, vielmehr steht der Übertritt gesteift ab. – Zuletzt folgt ein Mann, *ḥmw ḥm-kꜣw*, »der Künstler und Totenpriester (Sche) def (?)«, der thematisch eigentlich zum unteren Register gehört, aber als schmale Figur aus Raumgründen hierher versetzt wurde. Er hat in beiden Händen Geflügel gepackt. Mit dieser Schlußfigur folgt Seschemnofer mehr dem Muster des väterlichen Grabes, während Iimeri[13]) ein weiteres Masttier aufziehen läßt. Ob in dem »Künstler« der Urheber des Grabschmuckes gesehen werden darf, muß offen bleiben. Die Bescheidenheit der Randfigur würde der Vermutung nicht widersprechen, werden doch Künstler, die nicht nur den gleichen status haben wie Handwerker, sondern beides in einer Person sind, so gut wie nie auch nur erwähnt.

Im untersten Register schließlich – und diese Reihenfolge entspricht der Wertung – wird Geflügel herbeigebracht. Der schon oben auftretende *mr pr (mr)*[15]) *ḥmw kꜣ Inpw-Wśr*, »der Hausverwalter und Vorsteher der Totendiener Inpu-Weser«, an der Spitze des Zuges und mit etwas längerem Schurz als die folgenden, bringt das Gänseopfer dar[16]). Bei dieser Figur

Tafel 8 ist eine weitere Korrektur zu beobachten: Der obere Arm des Mannes war zunächst stärker gebeugt, er hatte die Gans dichter vor sich. Jetzt streckt er den Arm weiter von sich ab und greift somit mutiger in den Raum. Diese Tendenz entspricht dem neuen Zeitgeschmack und läßt sich in der 6. Dynastie bis zu dem Extrem verfolgen, daß der Mann, der der Gans den Hals umdreht, den Arm völlig waagerecht ausstreckt. Das alte Relief ist hier, soweit es über die neuen Konturen übersteht, getilgt, die neuen Umrisse sind nur graviert[17]). – Der folgende *ḥm-kꜣ Kꜣ-m-nfrt*, »der Totendiener Ka-em-nofret«, trägt eine große Gans auf den Armen herbei, der *śḥḏ ḥmw-kꜣ Nfr-rnpt*, »der Aufseher der Totendiener Nefer-ronpet«, packt eine flatternde Ente am Hals und eine kleine Gans bei den Flügeln. Über beiden Männern die Szenenbeischrift: *sḥpt śtpw*, »Das Herbeibringen des Erlesenen«.

Beilage 1 *śḥḏ ḥmw-kꜣ Inj*, »der Aufseher der Totendiener Ini« holt eine Gans aus einem am Boden stehenden Käfig mit weiterem Geflügel, dem dasselbe Schicksal droht, und wird in dieser Tätigkeit bestätigt durch den über ihm stehenden Text: *šdt ꜣpdw m ṯb*, »Das Herausholen des Geflügels aus dem Kasten«. Schließlich (ganz rechts) eilt ein Diener herbei, der an einem Schulterjoch zwei Käfige mit Tauben heranschleppt. Von der Beischrift ist nur noch *mꜣwḏ*, »das Joch«, erhalten. Diese beiden letzten Bilder gehören wohl kaum zum Schema des Vorführens der Gaben aus den Stiftungsgütern, sondern entstammen dem Themenschatz des Landlebens, wenn sie auch in praxi ineinanderübergehen. Daß hier die Beamten in die Totenpriesterschaft eingegliedert waren, zeugt von der patriarchalischen Fürsorge des Herrn für die Mitglieder seines Haushaltes.

Farbtafel III und Tafel 7b Über der Tür links vom Herrn steht in eingetieften Hieroglyphen die große Opferliste, in der verzeichnet ist, was dem Herrn beim Mahl zugedacht ist[18]).

Die Farben dieser Ostwand verteilen sich wie üblich: Ocker für das Inkarnat, Schwarz (heute aufgehellt) für das Haar, Weiß für die Gewandung, Gelb für Sandalen, Papyri und ihre Kästen sowie den (Holz-)Stab, Grün für den Halskragen, den Wassernapf auf dem Papyruskasten (beides aus Fayence zu denken) und einige Hieroglyphen. Die Antilope ist dunkelweiß, der Steinbock rotgefleckt, die Farbe der Ochsen liegt zwischen Gelb und Braun, das Geflügel ist hell.

*Farbtafel II*

Die Wand ist von Meisterhand reliefiert, die Arbeit steht der Haupt-(West-)wand an Güte kaum nach. Vermutlich hat der Künstler mit dieser Wand die Ausschmückung des Grabes begonnen, eng an die Konzeption für das väterliche Grab gelehnt, aber in innerem Widerstreit gegen den Stil der Zeit und seine eigene Intention. Daher kam es zu den mehrfachen Korrekturen: bei dem Herrn, dem Ochsen und der Gans. Der Grabherr sollte ein wenig stärker betont werden (erst in der 6. Dyn. werden die Figuren länger und schlanker), der Arm des Inpu aus der gepreßt empfundenen Haltung befreit werden[19]), der Ochse hat durch die Vergrößerung an Gewicht und damit an Wert gewonnen. Die Vermutung, daß die Korrekturen etwa Verbesserungen gegenüber einem ersten Fehlentwurf gewesen seien, verbietet sich, denn solche Änderungen wurden schon nach der Vorzeichnung (mit roter Farbe) vorgenommen und bereits mit der in Schwarz ausgeführten definitiven Umrißzeichnung festgelegt, also v o r der Gravur der Konturen mit dem Meißel.

Hinter diesen Korrekturen steht ein Gesinnungs- bzw. Geschmacksdurchbruch. Nicht abzuweisen ist der Gedanke, daß die Neuerungen durch Seschemnofer selbst angeordnet wurden, da er ja am Hofe in Sakkâra tätig war und in der Hofnekropole die fortschrittliche Auffassung kennen gelernt haben wird. Gîsa, wo sein Familiengrab lag, war zu seiner Zeit bereits Provinz, und seine Kunst stand in der Gefahr zu stagnieren. Was der Künstler oder Seschemnofer III. als Neuerung eingeführt hat, liegt jedenfalls auf dem Wege der Zeit, wurde nun auch Muster für Gîsa, wurde entweder treulich kopiert oder auch weiterentwickelt. Bei Iimeri ist mit der ganzen Wand auch die neue Haltung übernommen[20]).

## *Nordwand*

Der Wohlhabenheit des Grabherrn entsprechend ist die gesamte Nordwand von Vertretern der Stiftungsgüter eingenommen. Es sind im ganzen 36, doch darf nicht damit gerechnet werden, daß eine solche Anzahl ausschließlich für die Totenversorgung (und deren Diener) bestimmt war. In vier Reihen erscheinen, aus der Tür kommend[21]) und auf die Westwand mit dem Opfermahl zuschreitend, 34 Bäuerinnen und – in der obersten Reihe – zwei Bauern als Vertreter der Gutsbezirke. Grammatisches Geschlecht der Dorfnamen und Geschlecht der Repräsentanten stimmen nicht überein. So sind *jw-Snofru* und *jw-rd* durch Frauen dargestellt.

*Farbtafel IV und Tafeln 9–14 und Beilage 2*

In weißen und farbigen Gewändern tritt die Prozession auf, Körbe und Kasten – wie noch heute auf dem ägyptischen Land – auf dem Kopf, darin die landwirtschaftlichen Produkte der Güter. Es lassen sich verschiedene Arten von Brot und Kuchen unterscheiden, Lattich, Zwiebeln, Gurken, Melonen und Feigen. In den herabhängenden Händen halten die Träger zusätzlich Papyrusbüschel, Binsenkörbchen, Tragtaschen; an Strickhenkeln Tonflaschen und Kugelgefäße, selten auch Tauben oder eine Ente; andere bringen Blumen, Lotosknospen und -blüten, wohl nicht zum Schmuck, sondern ebenfalls als Nahrungsmittel. Vor den Gutsvertretern stehen ihre hier folgenden Namen[22]):

*Tafel 10* 1. Reihe

1) die *jnt*-Gründung des Cheops
2) die Feldfusion, *ḫnmt,* des Cheops
3) vollkommen ist, was Cheops fusioniert hat, *nfr ḫnm(t) Ḫwfw*
4) Stätte des (siegreichen) Niederschlagens (?), *ȝr ȝmśw*
5) Vollkommenheit, *nfrw,* des Cheops
6) vollkommene Lebenskraft, *nfr ꜥnḫ,* (hat), Userkaf
7) Opfer, *ḥtp,* des Sahurê
8) ohne Beischrift

2. Reihe

9) Ernäherin für das Kind, *ḫnmt,* Neferirkarê
10) Gott liebt, *mr nṯr,* Sahurê
11) Gründung, *grgt,* des Seschemnofer[23])
*Tafel 14* 12) Totenstiftung, *ḥt-kȝ,* des Seschemnofer[24])
13) Ernährerin für das Kind, *ḫnmt,* Sahurê
14) Hervorragende Macht, *ḫntj bȝw,* (hat) Sahurê
15) Auserlesenes, *śṯp*[25]), des Sahurê
16) Min liebt, *mr Mn,* Cheops

*Tafeln 11–13* 3. Reihe

17) Groß an Macht, *wr bȝw,* ist . . . rê
18) Gott liebt, *mr nṯr,* Chephren
19) Die Insel, *jw,* des Snofru[26])
20) Ernährerin für das Kind, *ḫnmt,* Snofru
21) Sandale(npfründe), *ṯbt,* für . . . rê
22) zerstört
23) Insel, *jw,* der rd-Pflanze
24) Teiche (?), *šw*
25) *Ḏȝtt-w,* Gut am Wüstenrand[27])
26) Brot, *ḥbnnt,* des Seschemnofer[28])

4. Reihe

27) Upuaut liebt, *mr Wp-wȝwt,* Userkaf[29])
28) Userkaf ist gedeihlich, *wȝḥ*[30])
29) Tempelbezirk, *nḫn,* des Userkaf
30) Opferstiftung, *śmnt,* des Userkaf
31) Seemündung, *ḥȝt š*
32) Persea-Früchte, *jšd,* des [Seschemnofer]
33) Melonen, *bḏt,* des Seschemnofer[31])
34) Getreide, *ḫnfw,* des Seschemnofer[31])
35) Totenstiftung, *ḥt-kȝ,* des Seschemnofer[31])
36) Wein, *jrp,* des Seschemnofer[31])

Aus den Namen der Stiftungsgüter läßt sich nur Nr. 11 als eigene Gründung Seschemnofers erkennen. Bei den mit Königsnamen gebildeten dürfte es sich um königliche Lehen handeln[32]), bei Nrr. 12, 26, 32(?)–36 um umbenannte.

Auch diese Wand ist ungewöhnlich schön und zählt in ihrer Art zu den besten der Zeit. Sie atmet eine gewisse hieratische Feierlichkeit, ist aber fern von Monotonie. Durch die gleichmäßige Schrittstellung der aufragenden Figuren mit ihrer Last auf dem Kopf und dem Hochgreifen ihres sichernden Armes entsteht der Eindruck endloser Prozession, nimmer aufhörenden Wallens unter dem Segen der Gaben. Trotz der fast ornamenthaften Reihung ist die

Variation so lebendig, daß sie das Auge stets aufs neue fesselt. Da wechselt die Haltung der Personen: Meist stützen sie zwar die Last mit der vorderen Hand, zwischendurch aber auch mit der hinteren; in der untersten Reihe hält sie eine Dörflerin gar mit beiden Händen. Auch wenn die gleichen Arme emporgehoben sind, unterscheiden sich die Winkel der Beugen je nach Breite des Behälters. Hohe Körbe, mehr oder weniger geschweifte bis konische, schüssel- oder bootförmige und in ganz verschiedenen Mustern geflochtene wechseln ab, jeder ist anders gefüllt. Auch die Kasten sind verschieden geformt oder zumindest unterschiedlich verziert; auf dem der untersten Reihe liegt ein Stengelbündel auf. Ebendort wird ein Käfig mit Tauben herangetragen. Wo immer man eine Gleichförmigkeit zu entdecken glaubt, beruht die vermeintliche Beobachtung auf ungenügender Aufmerksamkeit. Auch die Verschiedenheit der Namensbeischriften und ihrer Position verleihen dem Bild eine schwingende Bewegung.

Besonders belebt ist die Wand durch das bunte Farbenspiel. Fallen die beiden Männer in der obersten Zeile durch die dunklere Haut heraus, so werden diese kräftigen Akzente von den Frauen in wohlgelungener Verteilung durch sattgrüne Gewänder beantwortet. Die übrigen Dörflerinnen tragen Weiß, zarte Töne von Gelb, Hellrot und Hellblau. Während die vornehmen Herrschaften in Ägypten nur weiß gekleidet waren, hielt man es auf dem Lande mit dem color-look-style.

Wenn das Relief der Nordwand gelegentlich dicker ist als das der feinen Westwand, so mag das Absicht sein: das Bäuerische wird damit herausgehoben. Auch die Gesichter sind bemerkenswert derb, wenn man sie mit den Hauptpersonen auf der Westwand vergleicht. Bauer steht neben Adel. Dabei sind Komposition wie Ausführung dennoch von hoher Qualität. Die Gestalten sitzen mit unübertrefflicher Sicherheit auf der Wand, durch ein kaum merkliches Schwanken ihrer Achsen wogen sie wie das leise Zittern eines glatten Sees. Durch die Schrittstellung wird die Statik zum Fluß. Auch wenn die Wand durch sparsamere Modellierung und Zurückhaltung bei Einzelangaben hinter der Hauptwand zurückstehen sollte, so ist sie doch ein Musterbeispiel überlegenen Könnens.

Wenig penibel war der Maler bei der Kolorierung, indem er hie und da über die Konturen hinaus die Farbe strich. Auch die Musterung der Körbe und Schalen ist mehr großzügig als akademisch, jedoch ausreichend sorgfältig, um das Kunstgewerbe der Behälter deutlich zu machen.

### *Westwand*

*Farbtafel V und Tafeln 15–26*

Von den beiden Scheintüren flankiert, steht auf der Mitte der Westwand das Totenmahl. Das Ehepaar sitzt nebeneinander auf einem Stuhl mit Stierbeinen, der Mann im Pantherfell (dessen Schweif hinter dem Stuhl herunterhängt) über dem kurzen Schurz, Tracht seines Priesteramtes, hält in der angewinkelten linken Hand als Würdezeichen den Wedel; die Frau mit langem, engem Trägergewand und langer Perücke legt ihre Linke dem Mann auf die Schulter. Beide strecken die freie Hand nach den Broten auf dem ungewöhnlich großen Opfertisch (vgl. die verschiedene Wiedergabe ihrer Hände); die Brotlaibe stehen, abwechselnd mit Mehl- und Krustenseite und entsprechend alternierend bemalt, nach innen gekehrt. Die

Tafel 16 Szene ist archaisch einfach, ohne Beiwerk und ohne Opferriten. In der Höhe der Tischplatte stehen rechts auf eigenen Standlinien zweimal zwei konische Tonkrüge für das Getränk. Unter der Tischplatte sind nur durch Schrift die übrigen Gaben aufgeführt, an denen sich der Verstorbene erfreuen soll, an je: »1000 Broten, Krügen Bier, Ochsen, Geflügel, Wild, Salbgefäßen und Kleidern und an allen schönen Dingen jeden Tag«.

Über dem Tisch steht die große Speiseliste in versenktem Relief, über Seschemnofer in den drei ersten Zeilen (wie die übrigen Bilder in erhabenem Relief) sein Name und die alten Titulaturen; *mr sš-ꜥ nśwt ḥrj sštꜣ n wḏt-mdw nb nt nśwt sꜣb ꜥḏ-mr nśt ḫntjt mr prwj ꜥḥꜣ jmꜣḫw ḫr nṯrf mrr nbf Śšm-nfr*, »Vorsteher der Urkundenschreiber des Königs, der in alle Befehle des Königs Eingeweihte, Richter und Gauverwalter, *nśt ḫntjt* (Ehrenbezeichnung für ihn als Beamten der Zentralverwaltung), Vorsteher der beiden Waffenhäuser, der von seinem Gott (= König) Wohl (mit einem Grab) – versorgte, der, den sein Herr schätzt, Seschemnofer.

Über der 4. und 5. Zeile, die sich auf seine Frau beziehen: *ḥmtf mrtf sꜣt-nśwt ḥm(t)-nṯr Ḥt-Ḥr nbt nht ḥmt-nṯr Nt wpt-wꜣwt rḫ(t) nśwt*, und über dem Kopf der Frau ihr Name: *Ḥtp-ḥrś*; »Seine geliebte Gemahlin, die Tochter des Königs, Priesterin der Hathor, der Herrin der Sy-

Tafeln 15–19 komore, Priesterin der Neith, der Öffnerin der Wege, die Bekannte des Königs, Hetepheres.«

Tafel 20 In dem Bildstreifen unter dem Totenmahl findet die Schlachtung für das Opfer statt[33]). Zwei Rindern wird in nahezu identischer Darstellung der rechte Vorderschenkel gelöst. *śtp jwꜣ*, »das Zerlegen des Rindes«, liest man über der rechten Szene. Die Tiere liegen nach links auf dem Boden. Ihre Zunge hängt heraus, das Auge ist weit offen, ein Kehlschnitt (die Tiere wurden geschächtet) ist nicht angegeben. Jeweils am Kopf des Rindes steht in Ausfallstellung ein Schlachtgehilfe, der das Bein des Tieres hochreißt. Mit einem Fuß tritt er, um den Kopf des Schlachtopfers zu fixieren, ihm aufs Horn, mit dem andern auf die Zunge und ins Maul. Bei dem linken Schlachtgehilfen, der nicht wie die übrigen Schlächter einen kurzen Schurz trägt, sondern nur einen Bänderschurz, wurde das nach vorn ausschreitende Bein korrigiert. Ursprünglich war es senkrecht nach unten abgewinkelt (soweit geht das Relief), später wurde der Schritt erweitert (so durch Stuck ausgeführt und bemalt; die Stuckergänzung ist heute abgefallen). – Die Metzger, ebenfalls in Ausfallstellung – in Wirklichkeit wohl breitbeinig stehend – trennen den Schenkel los, hinter ihnen je ein weiterer Gehilfe, der mit seinem am Schurzzipfel befestigten Wetzstein ein Schlachtmesser schärft. Beischrift über dem linken: *dm dś*, »das Messer schärfen«. Als künstlerischer Abschluß hantiert links ein weiterer Wetzer, der, um die Senkrechte zu betonen, die Arme dabei höher hebt als seine Kollegen.

Tafel 21 In der Mitte, zwischen beiden Schlachtszenen, hebt sich eine Figur mit einem etwas längeren, gestärkten Schurz mit steif abstehendem Zipfel heraus. Rasuren vor und hinter ihrem Kopf und eine Retusche vor der abgestumpften Schulter lassen erkennen, daß sie eine Zweitfassung darstellt. Während sie jetzt einen Veterinär abzugeben scheint, war sie ursprünglich dargestellt mit einem Ochsenschenkel über der Schulter, den der Mann mit seiner angewinkelt vorgestreckten Hand gepackt hielt, während seine herabhängende Hand ein Herz gefaßt haben könnte. Diese Darstellung war offensichtlich ein Fehler im Entwurf, denn von den beiden geschlachteten Rindern sind diese Teile, Schenkel und Herz, noch gar nicht ausgelöst. Deshalb wurde die Figur in die jetzige Gestalt abgeändert, Armhaltung wie Schurz korrigiert.

Über der Figur stehen die Reste der getilgten Inschrift: 
d. i. sein Titel und sein Name *ḥmww . . . ḥmw-k3 Nn . . . f* »der Künstler (?) . . . und . . . der Totendiener Nen . . . ef« — die sich nicht auf die ursprüngliche Figur, sondern nur auf die umgewandelte beziehen kann, so daß demnach auch die Zweitfassung auf Widerspruch gestoßen ist[34]).

Die Schultern der Leute verraten noch einen Kampf mit der formalen Lösung der mit beiden Armen nach vorn arbeitenden Figuren[35]).

Durch die Kopfhaltung des Aufsehers nach links ist die Ausrichtung der Doppelszene auf das Ehepaar hin unterstrichen. Die ganze Schlachtszene, lebhafter als irgend eine andere in der Kultkammer, steht durch Format und Geschäftigkeit in Kontrast zu der feierlichen Strenge und würdevollen Ruhe des Hauptbildes darüber. Die Betriebsamkeit des Basisbildes, das zwar sparsam umgeht mit Überschneidungen und das – wie alle ägyptische Kunst – Zucht und Maß nicht überschreitet, ist vielfältig, aber subtil ausgedrückt: durch die weit ausladenden Haltungen, durch fein spielende Variationen etwa der Art, die Füße auf den Boden zu setzen oder die Schurze zu tragen. Trotz Parallelität keine wörtliche Wiederholung, bei den Rindern nicht einmal der Schwanzquaste, geschweige denn der Köpfe.

Beide Scheintüren sind nur beschriftet, nicht bebildert. Auf dem oberen Architraven der südlichen Scheintür steht: *ḥtp dj nśwt ḥtp Jnpw ḫntj sḥ-nṯr ḳrs(t) m ẖrt-nṯr j3w(t) nfr(t) wr(t) ḫr nṯr ˁ3 mr sš-ˁ nśwt jm3ḫw Śšmnfr,* »Eine Gunst, die der König gewährt, eine Gunst, die Anubis gewährt, der erste der Gotteshalle: daß ein schönes Begräbnis in der Nekropole gegeben werde und ein sehr schönes (nach einem sehr schönen) Alter beim großen Gott (= König) dem Vorsteher der Urkundenschreiber des Königs, dem Wohl (mit einem Grabe) – versorgten, Seschemnofer«. Dahinter sitzt, im Feld des Architraven, klein der Grabherr mit Wedel und Tüchlein. *Tafel 22 und Tafel 24a*

In dem architektonisch als Fenster zu verstehenden Rechteck darunter ist die Speisetischszene des Grabherrn angebracht mit den bereits bekannten Titeln »Vorsteher der Urkundenschreiber des Königs, der, den sein Herr schätzt, Seschemnofer« und »Richter und Gauverwalter, *nśt ḫntjt*, Seschemnofer«. Unter dem Speisetisch steht die Opferangabe nach Tausenden wie bei der großen Speisetischszene, nur abgekürzt. Es ist also hier der eigentliche Zweck der Opferkammer, aufs äußerste kontrahiert und reduziert, ausgesprochen. Somit enthält dieses unscheinbare Bildchen in nuce den Sinn der gesamten oberirdischen Grabanlage. Es steht auf dem am weitesten zurückliegenden Bauteil und ist daher am besten geschützt. *Farbtafel V*

Auf dem kleinen Architraven darunter wiederholt sich die Titulatur: »Vorsteher der Urkundenschreiber des Königs, den sein Herr schätzt, Seschemnofer«. Auf den beiden Türpfosten liest man ganz symmetrisch die Fortsetzung der Titelei: »Vorsteher der Urkundenschreiber des Königs, der in die Geheimnisse des Königs Eingeweihte, Seschemnofer«.

Hinter der Scheintür (links) steht die Mutter des Grabherrn mit einem sehr kleinen Jungen, dessen Kindsein durch die »Kinderlocke« und die Nacktheit ausgedrückt wird. Es ist wohl Seschemnofer selbst, der sich an ihrem Unterschenkel festhält wie am Stamm eines Baumes; sein Händchen ist an der hinteren Wade zu erkennen. Beachte bei der Mutter die »verdrehte« Hand, wie sie sich aus den Darstellungsregeln der ägyptischen Kunst erklärt[36]). Die Beischrift darüber lautet: *mwtf rḫ(t)-nśwt jm3ḫ(t) ḥm(t)-nṯr Nt wp-w3wt ḥm(t)-nṯr Ḥt-Ḥr m św tś nb(wt) Hnwtśn,* und linke lange Zeile: *ḥtp dj nśwt ḥtp Jnpw ḫntj sḥ-nṯr ḳrśt m ẖrt-nṯr j3wt nfr(t)* *Tafel 23*

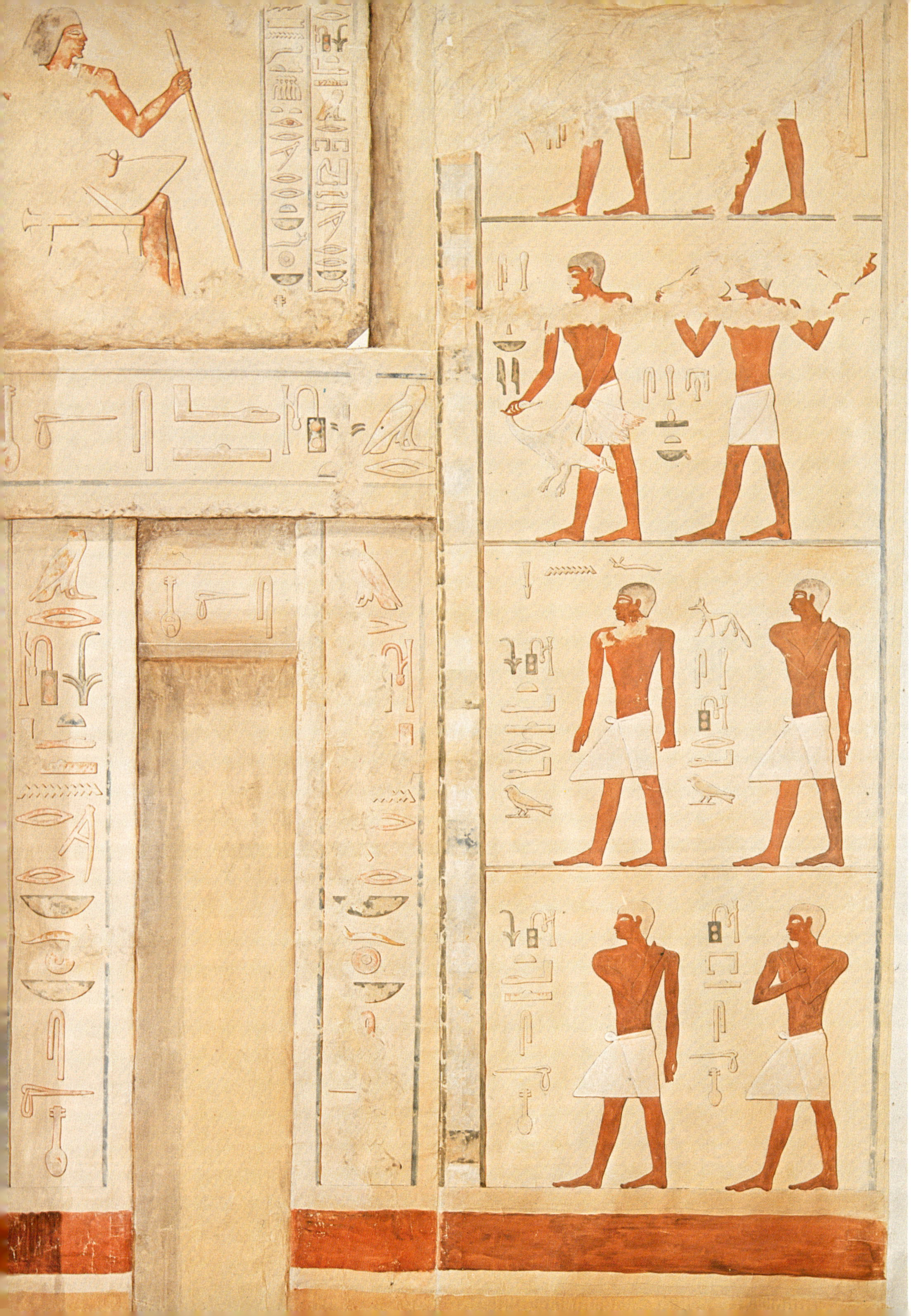

*wrt*, »Seine Mutter, die Bekannte des Königs, die Wohlversorgte, Priesterin der Neith, der Öffnerin der Wege, Priesterin der Hathor an allen ihren (Kult-)Orten, Henutsen«, und links: »Eine Gunst, die der König gewährt, eine Gunst, die Anubis gewährt, der erste der Gotteshalle: daß ein schönes Begräbnis in der Nekropole gegeben werde und ein sehr schönes (nach einem sehr schönen) Alter (der) Henutsen«.

Die Mutter führt fast die gleichen Titel wie die Ehefrau, beide waren Priesterinnen der Göttin Neith, einer unterägyptischen Gottheit, und der Hathor, der Frauen-, Liebes- und Muttergöttin. Außer dem König wird Anubis als der für die Bestattung zuständige Schakalgott angerufen. Durch die Einbeziehung in den Scheintürbezirk sowie die eigene Opferformel wurde der Mutter die Teilnahme an den Opferspeisen gesichert. Eine besondere Würdigung der Mutter findet sich innerhalb der Seschemnofer-Familie mehrfach[37]).

*Farbtafel VI und Tafeln 24b–26*

Über der nördlichen Scheintür sitzt der Grabherr (ohne Speisetisch), mit einem langen Stab in der Hand, auf einem Stuhl, durch die beiden senkrechten Hieroglyphenzeilen vor ihm betitelt als: »Vorsteher der Urkundenschreiber des Königs, Vorsteher der beiden Waffenhäuser, der, den sein Herr schätzt, Richter oder Gauverwalter, *nśt ḫntjt*, der täglich tut, was sein Herr schätzt, [Seschemnofer]«.

Erst durch die Nennung des Namens wird der Gestalt Leben gegeben, und erst durch das Aussprechen der Titel bzw. Ämter tritt sie in ihre Rollen ein und erscheint somit erst in ihrer vollen Plastizität. Daher die ständige Wiederholung. »Der Mann, dessen Name man ausspricht, lebt«, sagt ein ägyptisches Sprichwort.

Der obere Architrav ist weggebrochen, auf dem unteren erscheint abermals der sich im ganzen elfmal wiederholende Titel: »Vorsteher der Urkundenschreiber des Königs Seschemnofer«. Auf den Pfosten symmetrisch der gleiche Titel, erweitert um den Zusatz: »den sein Herr täglich schätzt«[38]), dazu wiederum der Name, der ein letztes Mal auf der Trommel dazwischen wiederkehrt.

*Tafel 25*

Nördlich (rechts) schreiten in vier Feldern übereinander je zwei Männer auf die Scheintür zu, im ersten: Ein »Hausvorsteher und Totendiener« (*mr pr* und *ḥm-kꜣ*) *Jnpw-wsr* »Inpuuser«, der mit einem aus zwei Schalen bestehenden Räuchergerät Weihrauch spendet: *kꜣp sntr* »Weihrauch räuchern«, hinter ihm ein Opferträger, »der Totendiener Neb-ma (?)«, *ḥm-kꜣ Nb-mꜥ* (?)[39]). Im zweiten Streifen *sḥḏ ḥmw-kꜣ Nbjj* »Der Aufseher der Totendiener Nebi«, einer Gans (zum Opfer) den Hals umdrehend, und ein weiterer *sḥḏ ḥmw-kꜣ Ḥtp-kꜣj*, »der Aufseher der Totendiener Hetep-kai«, der zwei Platten mit Opferspeisen bringt, auf der vorderen eine gebratene Gans.

*Tafel 26*

In der dritten Reihe stehen *śnf sš-ꜥ nświt Rꜥ-wr*, »sein Bruder, der Urkundenschreiber des Königs Rawer«[40]), und hinter ihm *sꜣb sḥḏ sšw Rꜥ-wr*, »der Richter und Aufseher der Schreiber Rawer«, wohl wie die beiden folgenden ein Sohn des vorgenannten Rawer. Während dieser, der Bruder, beide Arme herabhängen läßt, die Rechte leicht angehoben, in der Linken ein Schweißtüchlein, steht der Neffe des Grabherrn als einer der jüngeren Generation in der Ergebenheitshaltung mit dem einen Arm über der Brust und die andere Schulter fassend.— Von den beiden der untersten Reihe hat »der Urkundenschreiber des Königs Seschemnofer« (links) die gleiche Ergebenheitshaltung eingenommen, indes der letzte, ein *sš pr-ꜥ Sšm-nfr*, ein »Schreiber des Archivs« mit demselben Namen »Sechemnofer«, als der gewiß jüngere seine Ehrfurcht noch stärker zum Ausdruck bringt, indem er nicht nur seine linke Hand auf die rechte Schulter legt, sondern dazu mit der rechten den linken Unterarm faßt. Bruder und



◁ *Farbtafel VI:* Westwand mit nördlicher Scheintür

drei Neffen Seschemnofers III. scheinen in der Kanzlei des Grabherrn angestellt gewesen zu sein. Außer Ehefrau und Mutter waren auch Bruder und drei Neffen in das Opfermahl der Westscheintür einbezogen. Anders auf der Südwand[41]).

Die Farben, die in ägyptischer Technik ungebrochen und der Grundfarbe des Naturvorbildes angenähert polychrom verwendet sind, verteilen sich folgendermaßen: Gelb für das Inkarnat der Frauen, Ocker für das der Männer, Schwarz (heute zu Grau bis Weiß verblaßt) für die Haare, Weiß für die Gewänder. Für den Schmuck ist vorwiegend Grün angewandt – wohl zur Bezeichnung von Fayence. Die Brothälften sind wechselnd Gelb und Grauweiß, die Krüge gelb, grau und hellocker bemalt, die Ochsen ebenfalls hellocker; damit bieten sie den rechten Hintergrund für den dunkleren Ton der Beine ihrer Schlächter. Für die Hieroglyphen, die Farbleisten um die Scheintüren und für die Opferspeisen sind die jeweils arteigenen Farben aufgetragen[42]).

### *Südwand*

*Farbtafel I (Frontispiz)* Die Südwand ist dem Festmahl gewidmet, wie es das späte Alte Reich in Angleichung an die besseren Lebensverhältnisse oder aber in realistischerer Anpassung des Totenmahles an das der Lebenden entwickelt hat. Jedenfalls ist es typengeschichtlich das jüngere von beiden. Im Grabe Seschemnofers steht es neben dem einfachen Totenmahl der Westseite. Da die Titel dieser Wand eine höhere Sprosse der Beamtenlaufbahn spiegeln als die des übrigen Grabes, ist das Bild einer späteren Lebensphase zuzuordnen, muß also als letztes entstanden sein. Auch thematisch schließt sich hier der Ring.

Seschemnofer sitzt vor einer Mattenwand, deren (heute stark verblaßtes) Geflecht in vier waagerechten Streifen und deren Verbund nur in Farbe, nicht Relief wiedergegeben sind, so daß die herausgemeißelte Figur des Grabherrn vor einem zarten Hintergrund kräftig hervortritt. Die Zipfel, mit denen die Matte an die Pflöcke gebunden ist, stehen oben ab. Seine Proportionen (4 : 5) sind die gleichen wie die der Wand. Die Figur des Sitzenden nimmt die Höhe von drei Registern vor ihm ein und beherrscht somit das Feld. Durch den Mattenschutz ist er zusätzlich in würdevolle Distanz zu seiner Umwelt gesetzt. Nur durch die vorstehenden Fußspitzen und das Überreichen einer Lotosblume sind Verbindungen nach außen angedeutet. Ein gesteigertes Wohlgefühl tritt auch durch die übrige Ausstattung der Wand ans Licht.

*Tafel 27* Der Grabherr hat sich niedergelassen auf einem Sessel mit hoher Rücken- und Seitenlehne[43]). Er hat es sich bequem gemacht, trägt die einfache Haustracht: kurzes Haar, Halskragen und Leinenschurz. Mit der rechten Achsel stützt er sich auf die Lehne, in der Hand hält er einen Wedel, nicht den einfachen wie auf der Westwand, sondern einen kostbareren, dessen Stabende zu einer greifenden Hand gebildet ist. Mit der anderen Hand empfängt er von seinem ältesten Sohn, der als Stehender noch nicht ein Drittel der väterlichen Sitzfigur mißt, eine in ihrer Größe auf Seschemnofer bezogene Lotosblüte.

Die Darstellung des Vaters ist auf drei Seiten von Schrift und Bild umrahmt, wie eine stark hervorgehobene Initiale mittelalterlicher Manuskripte. Alle Figuren sind auf ihn hin geordnet, also nicht wie die der drei übrigen Wände auf den Herrn beim Totenmahl der Scheintürwand. Über Seschemnofer in 9 kurzen senkrechten Zeilen die große Titulatur: *sꜣ nśwt nj ẖtf ḥꜣtj-ʿ jmj-js ẖrj-ḥbt tꜣjtj sꜣb ṯꜣtj ḫt Mn mr-kꜣt nbt nt nśwt mr prwj ʿḥꜣ ḥrj-śštꜣ n wḏt-mdw nb nt nśwt ḥrj-śštꜣ n pr dwꜣt smr wʿtj Śšm-nfr*, »Leiblicher Sohn des Königs, Fürst, Kammerherr (?), Vorlesepriester, Oberrichter, Wesir, Gefolgsmann des Min, Vorsteher jeder Arbeit des Königs, Vorsteher der beiden Waffenhäuser, der in alle Befehle des Königs Eingeweihte, der in die Geheimnisse des Morgenhauses[44]) Eingeweihte, der einzigartige Freund (des Königs), Seschemnofer«.

In der rechten Bildhälfte stehen oben in drei schmaleren Streifen Ständertische und Kastentische mit Speisen aller Art: Krüge und Schüsseln auf Untersätzen; kleine Näpfe, ein Ochsenkopf, ein Rippenstück, eine Platte mit Feigen, Schenkel und (unter einem Tisch) ein halber Brustkorb liegen am Boden. An Speisen auf den Tischen sind zu unterscheiden: Brote und Kuchen, Lattich, Gurken, Lauchzwiebeln und andere Gemüse. Rechts oben steht ein Fleischtopf auf dem Tisch, aus dem die Stücke herausgucken, zwei Schüsseln darunter verbergen ihren Inhalt unterm Deckel. *Farbtafel I und Tafel 30a*

In dem nächsten »mannshohen« Bildstreifen tragen *Rwḏ*, »Rudj«, und *Mnj*, »Meni«, einen mit Broten und einer gebratenen Gans hochbeladenen Tisch herein, um ihn dem Herrn zu servieren, dahinter bringt *rḫś Ḫmt-nw*, »der Schlächter Chemet-nu«, für den Nachtisch eine Platte mit Feigen und ein Tuch zum Abwischen der Hände.

In der nächsten Zeile wird der Vorgang fortgesetzt, das Mahl eröffnet. *sꜣf śmśw mr sš-ʿ nśwt, Śšm-nfr*, »sein ältester Sohn, der Vorsteher der Urkundenschreiber des Königs«, der nach dem Vater »Seschemnofer« benannt ist und wohl nach der Beförderung des Vaters zum Wesir dessen Stelle als Oberster der königlichen Kanzlei innehatte, überreicht dem Geehrten als Apéritif eine Lotosblüte zum Riechen. Dahinter steht, zum Gebrauch vor und nach der Mahlzeit, auf einem Hocker ein Waschgeschirr, danach folgt *Kꜣj-śšm*, Kai-seschem«, der sich zum Zeichen dessen, daß er sich die Hände gewaschen hat, sie vor dem Herrn trockenreibt, wie man das noch heute in Ägypten erlebt. *Tafeln 28 u. 29*

Die drei darunter hockenden Männer sind *mśwf*, »seine Kinder«, von links nach rechts die beiden *sš-ʿ nśwt Śšm-nfr*, die »Urkundenschreiber des Königs mit Namen Seschemnofer«, und der ebenso betitelte Sohn *Nfr-śšm-Ptḥ*, »Neferseschem-Ptah«. Auch diese drei waren, wie ihr ältester Bruder und wie ihr Onkel mit drei Söhnen[45]), in der Kanzlei des Vaters angestellt. Als die Kleinen der Familie haben sie den untersten Platz, kauern am Boden zu Füßen des Vaters in der Ehrerbietungsgeste des vor der Brust gewinkelten Armes, der von der Hand des anderen gefaßt wird. Es ist bemerkenswert, aber nicht einmalig in Ägypten, daß drei Brüder gleich gerufen werden, sie tragen den in der Familie traditionellen Namen Seschemnofer. Ebenso sind auch ihre beiden Vettern (Westwand) genannt.

In der ganzen Breite der Wand verläuft im Sockelstreifen eine Darstellung von Musik, Tanz und Gesang, wie sie das festliche Mahl des Herrn begleitet haben. Die Mittelgruppe von drei Tänzerinnen, mit Halsband und -kragen, Arm- und Fußringen, Kreuzband über dem nackten Oberkörper und mit durchsichtigem, kurzem Schurz, tanzen nach links, die Rechte vorhochgehoben, die Linke an die Hüfte angewinkelt, mit dem vorgesetzten Fuß den Boden nur mit den Zehen berührend. Vor ihnen liest man: *jbꜣ* als Bezeichnung des ruhigen Schreittanzes[46]). – Die drei Sängerinnen ihnen gegenüber schlagen gleichzeitig den Takt mit ihren Händen. Die Beischrift über ihnen erläutert: *ḥśjt jn ḫnr*, »Singen durch das Frauenhaus«, und bezeichnet sie damit als Angehörige des Harems, die sowohl Verwandte als auch Angestellte *Tafeln 30b u. 31* des Grabherrn gewesen sein können. Die Frauen sind mit einem langen, engen Gewand bekleidet, die mittlere – wohl um der Abwechslung willen – mit einem grünen. Als Schmuck tragen sie Halsband, Halskragen, Hand- und Fußreifen. Der Tanz der Mädchen wird weiter begleitet durch das Spiel auf zwei großen Bogenharfen, die von zwei hinter ihnen am Boden hockenden Musikern gezupft werden. Die Beischrift ergänzt: *śḳr m bjnt*, »Schlagen auf der Harfe«, über jedem der Männer, und *sḥḏ ḥsw Nfr-rnpt*, »Aufseher der Sänger, Nefer-ronpet«, vor dem vorderen Spieler.

Wenn die Stellung der Gruppen hier wie auf den übrigen Wänden als »vor«, »hinter«, »in der Mitte«, »oben«, und »unten« bezeichnet wird, so gilt das für die Anordnung der Figuren auf dem flächigen Bild. Für die wirkliche Anordnung im Raum ist die dritte Dimension in Betracht zu ziehen, die die aspektivische Kunst nicht eindeutig festlegen kann (dafür hat sie eine Menge anderer Aussagemöglichkeiten, die der perspektivischen Kunst abgehen). Wir dürfen uns bis auf die Speisevorräte, die wohl in einem Nebenraum abgestellt waren (schmalere Bildstreifen!), sämtliche Handlungen v o r dem Grabherrn vorstellen. Die jüngsten Söhne sitzen zu seinen Füßen, die musische Szene spielt etwas im Hintergrund seines Blickfeldes.

*Farbtafel I*

Auch diese Wand ist noch stark farbig. Die Körper der Frauen (die sich mehr im Hause aufhielten und darum heller waren) mit ihrem Gelb weichen ab von dem Ocker der Männer, die Gewänder sind weiß bis auf das grüne der mittleren Sängerin, die Haare, heute zu einem Blaugrau verblaßt, waren schwarz. Der Halskragen des Grabherrn leuchtet in starkem Grün (Fayence), während das Grün der Vegetabilien dunkler ist. Für die Tongefäße ist dasselbe Ocker wie für das Inkarnat der Männer gewählt, die Matte flimmerte diffus durch verschiedene Stufen von Gelb-, Blau- und Schwarzgrün.

Vergleichen wir noch einmal kurz das Prunkmahl mit dem strengen Totenmahl, so fallen die üppigere Ausstattung und das häusliche Négligé auf: Sessel statt Hocker, bequemes Sitzen statt steifem Kreuz, gefälliges Empfangen einer Blüte statt symbolischer Geste des Brotergreifens, quellende Fülle von Speisen und Trank statt spröder Reihung von Brotlaiben und schließlich das schwirrende Dienervolk und Tafelmusik anstelle andachtsvoller Stille.

Die Opferkammer Seschemnofers III., stilistisch ein interessantes Gelenk zwischen der väterlichen Ausschmückung in Gîsa und der fortentwickelten in Sakkâra, die Mitte haltend zwischen Kargheit und Überladung, in glücklicher Mischung von Verhaltenheit und Lebensfreude, aufschlußreich für die soziale Haltung wie »Vetterles-Wirtschaft« eines hohen Herrn und schließlich bewundernswert durch ihren künstlerischen Rang, ist eine Kostbarkeit auf europäischem Boden.

Eine fachwissenschaftliche Veröffentlichung der Grabkammer mit ausführlicher Literaturangabe ist zu finden bei: Emma Brunner-Traut und Hellmut Brunner, Die ägyptische Sammlung der Universität Tübingen, Mainz 1981, S. 13—28 mit Taf. 3—7 und 28—35.

## ANMERKUNGEN

[1]) Vgl. dazu Hellmut Brunner, Eine ägyptische Grabkammer in Tübingen und die Forschungsexpedition Ernst von Sieglin, in: Attempto 3, 1954, S. 34–37.

[2]) Hermann Junker, Gîza III. Bericht über die von der Akademie der Wissenschaften in Wien unternommenen Grabungen auf dem Friedhof des Alten Reiches bei den Pyramiden von Gîza. Band III. Die Mastabas der vorgeschrittenen V. Dynastie auf dem Westfriedhof. Wien und Leipzig 1938, S. 192–215.
Zur Geschichte früherer Ausgrabungen und Veröffentlichungen s. Berta Porter und Rosalind L. B. Moss, Topographical Bibliographie III, $1^2$ 1974, S. 153 f., Mastaba G 5170.

[3]) H. Lüdcke hat die Wände 1968 gereinigt und ihre Farben konserviert.

[4]) S. dazu Schafik Allam, Vom Stiftungswesen der Alten Ägypter, in: Das Altertum 20, 1974, S. 131-146.

[5]) Ka-Diener steht für »Totendiener«; der Ka ist ein – besonders der vitale – Aspekt des Menschen.

[6]) Plan S. 8.

[7]) Nicht der späten, wie Junker angibt.

[8]) Die im übrigen von Junker rekonstruierte Familiengeschichte, die er von Seschemnofer I. aus dem Beginn der 5. Dyn. bis auf Seschemnofers Enkel Ptahhotep aus der 6. Dyn. verfolgt, ist aus chronologischen Gründen nicht haltbar.

[9]) Grundriß S. 15. Schnitt: Beilage 5

[10]) Vgl. Lageplan bei Junker, a.a.O., S. 3, Abb. 1.

[11]) Junker, a.a.O., S. 26f.

[12]) Diese fehlt bei Junker.

[13]) Zu dieser Wand ist eine Parallele im Grabe des Vaters Seschemnofer II. und eine andere im Grabe Lepsius 16 (Iimeri), beide in Strichzeichnung bei Junker, a.a.O., S. 72, Abb. 8.

[14]) Vgl. dazu genauer bei E. Brunner-Traut, Zur Tübinger Mastaba Seschemnofers III., in: MDAIK 15, 1957, S. 19ff. mit Taf. II.

[15]) Das *mr* ist quer über *pr* und *ḥmw kꜣ* geschrieben und gilt für beide.

[16]) Das simultane Auftreten der gleichen Person in einem Bild entspricht der ägyptischen Darstellweise, die nicht wie die perspektivisch von einem Standpunkt aus orientierte Kunst die Bildgegenstände allseitig zueinander in Beziehung setzt, sondern »aspektivisch« die Gegenstände im Nacheinander erfaßt und lediglich in nachbarliche Relation bringt, also hier den Hausverwalter zum Herrn und zu seinem Gefolgsmann. Vgl. dazu H. Schäfer. Von ägyptischer Kunst, 4. Aufl., und dort zu dieser Frage das Nachwort von E. Brunner-Traut. Von derselben die grundsätzliche Abhandlung »Frühformen des Erkennens«, 2. Aufl. 1992, Darmstadt; zur Simultaneität S. 33f.

[17]) Genauer behandelt in der unter Anm. 14 genannten Arbeit, in: MDAIK 15, 1957, S. 21ff. mit Taf. III.

[18]) Vgl. Anm. 12; Zeichnung der Opferliste Farbtafel III und Beilage 1.

[19]) Vgl. dazu die Parallelen von Seschemnofer II. und Iimeri mit Seschemnofer III. bei E. Brunner-Traut, in: MDAIK 15, 1957, S. 26 d, h und e, bei Junker, a.a.O., S. 72 und 73.

[20]) Während auf der Westwand die Korrektur des Opferträgers unter den Metzgern eine andere Ursache hat (S. 26f.), ist ein Metzger dort in derselben Szene ebenfalls im Sinne eines beherzteren Ausgreifens der Glieder verbessert (S. 26).

[21]) Auf dem freien Feld der Zeichnung lag der Türpfosten auf.

[22]) Behandelt von Helen K. Jacquet-Gordon, Les noms des domaines funéraires sous l'ancien empire Égyptien (Institut Français d'Archéologie Orientale. Bibliothèque d'Étude, T. XXXIV), Kairo 1962, S. 270-274.

[23]) Das Zeichen *šsm* ist spiegelbildlich geschrieben, damit die Messer-Hieroglyphe dem Grabherrn den Rücken kehrt und ihn nicht verletzen kann.

[24]) *šsm* wie bei Nr. 11 geschrieben.

[25]) Statt *stp?* Das Zeichen *ṯ* ist spiegelverkehrt, damit sich der Grabherr in der Schlinge nicht verfangen kann.

[26]) Dieser Gutsname findet sich auch Sinuhe B 9.

[27]) Dazu Cl. Vandersleyen, in: Rev. d'Égyptol. 19, 1967, S. 146.

[28]) *šsm* wie bei Nrr. 11 und 12.

[29]) Bei dem Namen fehlt kein Zeichen, wie Junker und Jacquet-Gordon angeben.

[30]) Wörtlich: durch Überschwemmungswasser fruchtbar.

[31]) *šsm* spiegelbildlich wie bei Nr. 11.

[32]) Obwohl der Name des Königs Neferirkarê als jüngstes Namenselement vorkommt, datiert die Mastaba später.

[33]) Behandelt von A. Eggebrecht, Schlachtungsbräuche im Alten Ägypten (Diss.), München 1973, S. 182f.

[34]) Parallele Beispiele bei H. G. Fischer, in: Metr. Mus. Journal 9, 1974, S. 6 mit Anm. 8.

[35]) Vgl. dazu H. Schäfer, Von ägyptischer Kunst, 4. Aufl., S. 311ff.

[36]) Vgl. H. Schäfer a.a.O., S. 305 mit Abb. 166f.

[37]) Vgl. dazu H. Junker, a.a.O., S. 206f.

[38]) Wohl für »der täglich tut, was sein Herr schätzt«.

[39]) Das heute stark beschädigte Relief wurde nach alten Zeichnungen rekonstruiert.

[40]) Er ist der Grabinhaber von Lepsius 32.

[41]) S. S. 31.

[42]) Genauer vgl. Aquarell Farbtafeln V (S. 21) und VI (S. 28).

[43]) Vgl. damit den einfachen Hocker beim Totenmahl auf der Westwand, dessen Holzsitz nur mit einer kleinen Rückenstütze versehen ist.

[44]) Wo das lever des Königs vorbereitet wird.

[45]) Vgl. Westwand, S. 29.

[46]) Vgl. dazu E. Brunner-Traut, Der Tanz im Alten Ägypten, 3. Auflage 1992, S. 14ff.

TAFELN 1–33

UND

BEILAGEN 1–5

*Tafel 1* Ostwand: Vorführen von Mastwild, Vieh und Geflügel; im obersten Streifen Registrieren der Tiere vor Seschemnofer. Links über der Tür Liste der Opferspeisen.

*Tafel 2* Ostwand: Seschemnofer besichtigt die vorgeführten Tiere. Ausschnitt aus Tafel 1.

*Tafel 3* Ostwand: Schreiber und Vorführer einer Säbelantilope. Ausschnitt aus Tafel 1.

*Tafel 4* Ostwand: Zwei Schreiber. Ausschnitt aus Tafel 1.

*Tafel 5* Ostwand: Schreiber überreicht eine Papyrusrolle über einen Papyruskasten hinweg; unten Vorführen eines Steinbocks. Ausschnitt aus Tafel 1, oben rechts.

*Tafel 6* Ostwand: Vorführen von Vieh und Geflügel. Ausschnitt aus Tafel 1.

*Tafel 7a* Ostwand: Korrigierter Ochse. Ausschnitt aus Tafel 6.

*Tafel 7b* Ostwand: Opferliste über der Tür. Ausschnitt aus Tafel 1.

*Tafel 8* Ostwand: Opfer einer (korrigierten) Gans. Ausschnitt aus Tafel 6.

*Tafel 9* Nordwand: Gabenträger/innen der Stiftungsgüter mit landwirtschaftlichen Produkten.

*Tafel 10* Nordwand: Opferträger der beiden oberen Reihen von Tafel 9.

*Tafel 11* Nordwand: Opferträgerinnen aus den beiden unteren Reihen von Tafel 9.

*Tafel 12* Nordwand: Opferträgerinnen aus den beiden unteren Reihen von Tafel 9.

*Tafel 13* Nordwand: Vertreterinnen der Stiftungsgüter. Ausschnitt aus Tafel 11.

*Tafel 14* Nordwand: Vertreterin des Stiftungsgutes »Min-liebt-Cheops«. Letzte Figur von Tafel 10.

◁ *Tafel 15* Westwand: Liturgisches Mahl des Grabherrn und seiner Gemahlin zwischen zwei Scheintüren.

*Tafel 16* Westwand: Seschemnofer und seine Gemahlin Hetep-heres vor einem Opfertisch, darüber Opferliste, darunter Schlachtszene. Ausschnitt aus Tafel 15.

*Tafel 17* Westwand: Das Ehepaar vor dem Opfertisch. Ausschnitt aus Tafel 16.

*Tafel 18* Westwand: Kopf des Seschemnofer. Ausschnitt aus Tafel 17.

*Tafel 19* Westwand: Kopf des Hetep-heres. Ausschnitt aus Tafel 17.

*Tafel 20a* Westwand: Schlachten eines Rindes. Ausschnitt aus Tafel 16.

*Tafel 20b* Westwand: Schlachten eines Rindes. Ausschnitt aus Tafel 16.

*Tafel 21* Westwand: Aufseher der Schlächter mit geändertem Arm und getilgter Beischrift.
Ausschnitt aus Tafel 20a.

*Tafel 22* Westwand: Südliche Scheintür, links die Mutter des Grabherrn. Ausschnitt aus Tafel 15.

*Tafel 23* Westwand: Mutter des Grabherrn mit ihrem Sohn. Ausschnitt aus Tafel 22.

*Tafel 24a* Westwand: Türsturz über der südlichen Scheintür. Ausschnitt aus Tafel 22.

*Tafel 24b* Westwand: Grabherr über der nördlichen Scheintür mit Titulatur. Ausschnitt aus Tafel 15.

*Tafel 25* Westwand: Nördliche Scheintür. Ausschnitt aus Tafel 15.

*Tafel 26* Westwand: Bruder und Neffen Seschemnofers. Ausschnitt aus Tafel 25.

*Tafel 27* Südwand: Seschemnofer als Wesir bei einem Festmahl.

*Tafel 28* Südwand: Seschemnofer empfängt von seinem ältesten Sohn eine Lotosblüte.
Ausschnitt aus Tafel 27.

*Tafel 29* Südwand: Seschemnofer junior reicht seinem Vater eine Lotosblüte. Ausschnitt aus Tafel 28.

*Tafel 30a* Südwand: Diener servieren dem Grabherrn, darüber angerichtete Speisen.

*Tafel 30b* Südwand: Tänzerinnen und Harfner begleiten das Mahl. Ausschnitt aus Tafel 27.

*Tafel 31* Südwand: Sängerin. Ausschnitt aus Tafel 27.

*Tafel 32* Serdâb-Scheintür aus der Mastaba Seschemnofers II, des Vaters Seschemnofers III.

*Serdâb-Scheintür aus der Mastaba Seschemnofers II.,*
des Vaters Seschemnofers III., aus Gîsa, freigelegt durch die Ernst von Sieglin-Expedition.

*Tafel 32* Die Tür (Tübingen, Inv. Nr. 4) gehört zu dem bemerkenswerten Annex der Mastaba (Serdâbgebäude), der ausschließlich dem Opfer vor den Statuen diente. Die Kammern für die Statuen waren in den Wänden des 17 m × 6,50 m großen Gebäudes ausgespart und durch waagerechte Schlitze mit einem Opferraum im Kern des Baues verbunden. In der Südwand dieses Opferraumes waren in die Verkleidungsplatten fünf Türen eingearbeitet, vier davon die Form schwerer, doppelflügliger Holztüren nachahmend. Zu einer dieser Türen gehört unser Bruchstück, erhalten sind etwa die zwei unteren Drittel (H. 90 cm, Br. 84 cm).
Wie das ganze Grab Seschemnofers II. ist auch diese Tür aus feinem Turakalk gearbeitet. Ihre unteren Zapfen ruhen in Pfannen, in denen sich die den Scheintoren als Vorbild dienenden Gebrauchstüren drehten; oben hat man sich eine Entsprechung vorzustellen. Der zwischen beiden Türflügeln verlaufende Spalt war wohl durch Farbe angegeben, heute sieht man nichts weiter als eine kleine Marke oberhalb der obersten Querleiste. Quer über die Tür laufen fünf (ursprünglich acht) abgerundete Leisten, die die senkrechten Bretter der Tür zusammenhielten. In Griffhöhe sitzt der Riegel; er ruht zwischen zwei Riegellöchern auf dem rechten Türflügel und wird zum Verschluß in das Riegelloch auf dem linken Türflügel geschoben. Seine Verdickungen in der Mitte, die das Holzstück (der Vorlage) am Entgleiten hinderten, sind durch waagerechte Linien fein graviert. Über dem Riegel, in dem Feld zwischen fünft- und sechstoberster Leiste, sind axialsymmetrisch der Name des Grabherrn und sein Haupttitel »Vorsteher der Urkundenschreiber des Königs Seschemnofer« *mr sšw-ʿ n nśwt* zweimal in versenkten Hieroglyphen eingeschnitten. – Das herausgerissene Architekturbruchstück mag die edle Arbeit der Mastaba ahnen lassen[1]).

Die drei weiteren parallelen Türen der Serdâbkammer gelangten nach: Hildesheim (Inv. Nr. 1540), Berlin (Inv. Nr. 21600) und Leipzig (Inv. Nr. 2555, heute verloren).

1) Rekonstruktion der Südwand der Serdâbkammer mit den Türen, bei Junker, Gîza III, Abb. 34, gegenüber S. 190.

# Schenkungs-Urkunde

In dem Wunsche, den Studierenden der klassischen Altertums-Wissenschaft zur Förderung und Vertiefung ihrer Studien und sodann auch dem weiteren Kreise der Universität Tübingen überhaupt antike Kunst in originalen Werken naherzubringen, habe ich dem Archäologischen Institut der Universität zu dauerndem und in vollem Umfange zu erhaltenden Besitz überwiesen:

1.) aus den von der letzten ägyptischen Sieglin-Expedition 1910 gemachten Funden die vollständige Opferkammer eines Grabes des alten Reiches sowie eine Grabscheintür und eine Anzahl von Gebrauchsgeräten aus den Gräbern bei Abusir,

2.) eine grössere Vasensammlung, die, von fachmännischer Seite zusammengebracht, im Stande ist, in zahlreichen Gruppen und Einzelbeispielen und ausserdem durch eine grosse Collection von Vasenfragmenten, die kunstgeschichtliche Entwicklung der antiken Keramik von den Anfängen bis in die hellenistische und die römische Zeit hinein zu veranschaulichen.

Stuttgart, im Februar 1911.

Dr. h. c. Ernst v. Sieglin
K. Geh. Hofrat.